JN448600

북한 경제에서의 시장과 정부

서울대학교통일학연구총서 16

북한 경제에서의 시장과 정부

펴낸곳 서울대학교출판문화원
펴낸이 오연천
지은이 김병연 · 양문수

초판 1쇄 발행 2012년 4월 15일
초판 2쇄 발행 2012년 11월 30일
출판등록 제15-3호

주소 서울 관악구 관악로 1 우편번호 151-742
대표전화 02-880-5252 **팩스** 02-888-4148
마케팅팀(주문상담) 02-889-4424, 02-880-7995
이메일 snubook@snu.ac.kr
홈페이지 www.snupress.com
영문홈페이지 eng.snupress.com

© 김병연 · 양문수 2012

저자와 협의하여 인지는 생략합니다. 잘못된 책은 바꾸어 드립니다.
이 책의 무단 전재나 복제 행위는 저작권법 제98조에 따라 처벌받게 됩니다.

ISBN 978-89-521-1275-0 94320
978-89-521-1029-9 (세트)

서울대학교통일학연구총서 16

북한 경제에서의 시장과 정부

김병연·양문수 지음

서울대학교출판문화원

Markets and the State in North Korea

Byung-Yeon Kim

Moon-Soo Yang

Seoul National University Press

서울대학교통일학연구총서를 내면서

냉전체제가 와해되고 남북교류가 증대하면서 21세기 한반도의 창조적 미래구상이 절실히 요청되고 있다. 우리의 희망과는 달리 남북관계는 여전히 불안정하고 국제정세 또한 유동적이지만, 상호적대적인 분단체제는 더 이상 유지되기 어려운 상황임이 분명하다. 민주화와 경제발전을 성공적으로 이룩한 우리 사회의 역량을 바탕으로 이제 통일한국의 미래를 기획하고 추진하는 일이 핵심적인 시대적 과제로 부각되고 있다.

어떤 형태의 통일이 바람직할 것인가에 대해 완전한 합의를 얻기는 쉽지 않다. 통일이 이루어질 시기를 예측하기도 어려우며, 통일 과정이 반드시 점진적이거나 평화적일 것이란 보장도 없다. 우리가 원치 않는 방식으로 통일문제에 맞부딪치게 될 가능성도 얼마든지 있다. 그럼에도 불구하고, 아니 그렇기 때문에 통일에 대한 연구는 더욱 총체적인 시야에서 체계적으로 이루어져야 한다. 실제로 통일 과정에 돌입했을 때 그 전 과정을 적절히 관리할 역량이 갖추어지지 못하면 오히려 심각한 갈등과 후유증을 겪을 우려가 크기 때문이다.

통일 논의가 구체화되고 정책적 실현가능성이 높아질수록 그에 적합한 전문성과 책임성을 갖추기 위해 노심초사해야 하는 것이 한국 지식인의 책무일 것이다. 반세기 이상 남북한 주민들이 경험해 온 상이한 제도와 관행을 적절히 통합하고 전쟁의 상처와 오랜 대립에서 비롯된 적대감과 이질성을 극복하기 위해서는 고도의 전문성과 기획력이 무엇보다도 필요하다. 한반도 통일을 바람직한 동북아 지역질서와 연계시키고 보다 나은 공동체를 구현하는 일도 지식인들의 높인 식견과 섬세한 대응역량이 없이는 불가능하다.

서울대학교는 2003년부터 통일학 연구 지원 사업을 시작하였고, 우리 사회의 지적 대응능력을 키우는 데 진력하고 있다. 서울대학교의 통일연구사업은 북한에 대한 지역연구 차원을 넘어서 통일과정 전반에서 고려되어야 할 쟁점들을 학제적으로 분석하는 데 목적을 둔다. 따라서 정치, 경제, 사회, 역사, 문화, 환경의 영역은 물론이고 농학과 의학, 과학기술과 예술 및 체육에 이르기까지 광범위한 영역을 포괄한다. 이 일을 총괄하는 서울대학교 통일평화연구원은 국내외의 연구기관 및 연구자들과 교류하면서 종합학문으로서의 통일학을 정립하고자 애쓰고 있다.

서울대학교통일학연구총서는 이러한 학문적 노력의 결실이다. 이 총서가 우리 시대 최대의 과제인 분단극복과 통일한국을 향한 역사적 장정에 긴요한 지적 자산이 되기를 기대한다. 또한 소모적인 이념 논란을 지양하고 창조적인 대안과 정책적 지혜를 탐색하는 이성적 도구로 활용되기를 바란다. 끝으로 통일 연구의 시대사적 중요성을 인식하고 서울대학교 통일연구사업의 제도적 바탕을 마련해 주신 정운찬 전 총장님과 변함없이 이 연구사업을 지원, 격려해 주신 이장무 전 총장님, 그리고 종전의 통일평화연구소를 통일평화연구원으로 승격하여 새로운 도약과 발전의 기틀을 마련해 주신 오연천 총장님께 깊은 감사를 표한다.

2011년 9월

서울대학교 통일평화연구원

머리말

북한 주민의 시장경제활동(market economic activities)은 현재 북한 경제를 이해하는 데 있어 가장 중요한 주제 중 하나다. 원래 사회주의 경제에서는 중앙계획이 기업과 가계의 경제활동을 조율하고 통제하는 것이 정상이다. 즉 중앙계획에 따라 기업은 원·부자재를 정해진 곳에서 조달받아 제품을 만들어 이를 정해진 수요처에 공급한다. 또한 가계는 기업이나 기관에서 받은 임금으로 국영 상점에서 중앙계획이 정한 가격의 소비재를 구입한다. 한편 발전 단계가 낮은 사회주의에서는 필수 소비재를 주민에게 배급하기도 한다. 기업의 모든 거래는 중앙은행에 의해 세부적으로 통제되며 가계가 국영 상점에서 지불한 현금은 다시 은행으로 환수된다. 즉 정상적으로 작동하는 사회주의 계획경제에서는 시장이 존재할 여지가 없으며, 국가가 통제하지 않는 경제활동과 화폐 흐름은 생길 수 없다.

그러나 이러한 이상적인 사회주의 경제는 애초부터 존재하지 않았다. 중앙계획이 생산물의 수요와 공급을 완전히 일치시키고 복잡한 경제활동을 완벽히 통제하는 것은 상상과 이론 속에서나 가능했기 때문이다. 따라서 시장은 소련 사회주의 초기부터 존재했고 그 붕괴 직전까지 존속하였다. 스탈린마저도 시장의 필요성을 어느 정도 인정할 정도로, 때로 시장은 사회주의 계획경제를 보완하고 때로는 심각하게 도전하면서 보완과 대립, 협력과 경쟁이라는 다면적 관계를 유지하였다. 목표 생산량을 달성하기 위해 국유 기업의 경영자는 시장에서 원·부자재를 구입하기도 했으며, 이에 필요한 재원을 마련하기 위해 완제품을 시장이나 기업에게 몰래 판매하기도 했다.

러시아와 동유럽의 자본주의로의 체제전환 과정은 시장의 몰락이 아니라 중앙계획의 철폐를 의미했다. 이를 '시장의 승리'라고 부르는 데서 더 나아가 일부 학자들은 사회주의 계획경제를 붕괴시킨 것은 중앙계획 밖에서 작동하면서 중앙계획의 정합성(整合性)을 파괴하고 무력화시킨 비공식 부문, 즉 시장이라고 주장한다. 더 나아가 시장은 부패와 연결되고 이는 조직화된 범죄활동과 사회주의 규범의 약화로 이어져 사회주의 체제의 근간이 훼손된다는 것이다. 이른바 '비공식화 가설(informalization hypothesis)'이라고 불리는 이러한 주장은 실증분석의 결과 소련의 붕괴를 설명하는 데는 적합하지 않은 것으로 밝혀졌다. 비공식 부문의 크기가 중앙계획을 무너뜨릴 만큼 크지도, 증가하는 추세를 보이지도 않았다는 것이다.

북한의 경우는 어떠한가? 비공식 부문, 즉 시장의 규모는 얼마나 크며 그 크기는 증가하고 있는가? 시장 부문과 계획경제 부문은 어떻게 얽혀 있는가? 그 관계가 대립적인가, 아니면 보완적인가? 북한 정권은 시장에 대해 어떤 태도를 취하고 있으며, 북한 정권이 시장에 대해 취한 정책의 실효성은 어느 정도인가? 북한 주민들은 시장경제활동을 통해 무엇을 학습하며 시장에 참여함으로써 정권에 대한 태도가 어떻게 바뀌고 있는가? 시장이 북한 사회를 어떻게 바꾸었는가? 북한 경제의 시장화가 북한 사회주의의 붕괴로 이어질 것인가? 이러한 질문은 단지 북한 경제뿐만 아니라 북한 자체를 이해하고 전망함에 있어 매우 중요하다. 이 책은 이러한 질문에 대한 답을 모색하기 위한 것이다.

북한 연구에 있어 가장 중요한 장애요인은 통계자료의 부족이다. 나는 소련 경제를 연구할 때 수천 개의 퍼즐을 꿰어 맞추는 느낌을 갖곤 했다. 그러나 북한 경제 연구는 때로 수만 개의 퍼즐 중에 상당수가 아예 없어 그것을 비워두고 퍼즐을 맞추어야 하는 부담감을 갖게 한다. 무엇보다 경제학은 가설을 증명하고 주장을 뒷받침하는 실증과 이론 작업이 중요하지만, 북한 관련 연구는 통계자료의 한계 때문에 그런 엄밀성을 추구하기 어려울 때가 많기 때문이다.

북한이탈주민에 대한 연구는 북한을 이해하기 위해서뿐만 아니라 엄밀한 경제학적 방법론을 적용하기 위해서도 훌륭한 연구 주제다. 현재 남한에는 2만 2,000여 명이 넘는 북한이탈주민이 살고 있고, 남한에 입국하는 숫자도 점차 증가하는 추세다. 이들은 향후 남북통합을 위한 중요한 자원일 뿐만 아니라 북한을 비교적 정확히 이해할 수 있게 하는 귀중한 프리즘이다. 미국과 이스라엘에서도 구소련 이민자의 조사를 통해 소련의 공식 통계연감으로부터는 알기 힘든 소련 경제의 실상을 보다 자세히 이해하게 되었다. 따라서 북한이탈주민의 조사를 과학화·체계화하고 이를 정확히 분석한다면 북한 경제와 사회, 정치 전반에 대해 신뢰성 있고 귀중한 연구 결과를 얻을 수 있을 것이다.

이 연구는 북한이탈주민을 대상으로 북한 경제에 관해 설문조사를 실시한 기존 연구에 비해 설문 대상의 수를 증가시켰을 뿐만 아니라 설문 항목을 보다 구체화·체계화함으로써 통계자료의 신뢰성을 제고시켰다. 그리고 북한에서 시장과 정부 관계의 시간적 흐름을 이해하기 위해 복수의 설문조사 자료를 결합시켰다. 또한 정량적 분석과 심층면담을 토대로 한 정성적 연구를 병행함으로써 전자의 분석 결과의 틀 안에서 시장에 관한 북한이탈주민의 생생한 증언을 담으려고 노력하였다.

이 책의 제1장은 사회주의 경제에서의 비공식 부문 혹은 시장 부문의 의미를 정의하고, 이 연구의 목적과 자료를 제시함과 동시에 기존의 연구를 검토하고 있다. 제2장은 정량적 설문조사 결과에 기초하여 1996~2007년 동안 북한의 비공식 부문의 크기와 그 추이, 그리고 시장경제와 공식 계획경제의 관계, 정부의 시장통제능력에 대해 분석하고 있다. 제3장에서는 주로 탈북자의 심층 설문조사 자료를 이용하여 2007~2009년 동안 북한에서 시행된 시장억제정책의 효과와 함께 시장활동으로 인한 북한 사회의 변화에 대해 논의한다. 제4장은 시장화에 대한 북한 정부의 관리 가능성을 시장화 촉진기와 시장화 억제기로 나누어서 평가한다. 마지막으로 제5장에서는 연구 결과를 요약하는 동시에 그 의의와 함의를 논한다.

그동안 북한 연구에 있어 데이터의 한계 등으로 객관적 연구가 어려웠기 때문에 정치적 이념, 정책결정자의 개인적 선호, 여론의 동향이 북한 관련 정책에 큰 영향을 미치는 경향이 있었다. 그러나 이제는 정책결정자나 국민들이 정확한 자료와 분석에 근거하여 북한 문제를 고민할 수 있도록, 그래서 한반도의 미래를 위해 보다 합목적적이고 실효성 있는 정책이 나올 수 있도록 북한 연구의 질을 높일 필요가 있다. 이 책이 그런 방향으로 작은 역할을 감당할 수 있기를 간절히 바란다.

2012년 2월

저자를 대표하여 김병연

차례

표 · 그림 차례

제1장

북한에서의 시장과 정부

1. 서론

1) 연구의 목적과 필요성

1990년대 이후 북한 경제의 가장 두드러진 변화는 소비재 유통 부문에서 일어나고 있다. 1990년대 중반 고난의 행군기에 이르러 북한의 공식적인 상업·유통체계가 사실상의 와해를 경험하면서 비공식 부문인 장마당을 통한 소비재 유통 비중이 급속히 확대되었다. 그 이후 북한 사회주의 소비재 유통의 근간이었던 이전의 배급제와 국영 상점, 국정가격의 기능은 크게 줄어들거나 그 역할을 거의 상실하였다. 특히 2002년 7·1 경제관리개선조치(이하 7·1 조치) 이후 종합시장, 수매상점 등 시장영역에서의 소비재 거래 추세가 두드러졌으며, 이 거래에 적용되는 가격도 시장의 수요와 공급에 크게 의존하게 되었다.

이러한 변화는 북한 가계의 소득과 지출 패턴에도 영향을 미쳤다. 북한이탈주민(이하 탈북자)을 대상으로 한 기존의 연구들은 1990년대 후반 이후 탈북자들의 소득에 있어 공식 소득보다 비공식 소득의 비중이 더 높다는 사실을 발견하고 있다(박석삼, 2002; 이영훈, 2007; 김병연, 2009). 즉 공식적인 경제활동이 아닌, 텃밭이나 뙈기밭 경작, 시장에서의 상업활동 등을 포괄하는 비공식적인 경제활동이 가계소득 창출의 주된 원천이 된 것이다. 또한 국영 상점 등에서 지출하는 비중보다 장마당이나 비공식 시장에서 지출하는 비중이 더 높아져 가계의 소비재 구매활동도 주로 비공식적 영역에서 이루어졌음을 알 수 있다.

북한 정부의 정책은 북한 경제의 시장화 혹은 비공식화에 큰 영향을 미쳤다.[1] 1990년 중반부터 시작된 경제주체들의 생존형 시장경제행위에 대해 북한 당국도 이를 묵인하는 태도를 보였다. 배급제의 실질적 붕괴로 인해 뙈기밭 경작이나 장사 같은 자구적인 경제활동 없이는 주민들의 생존 유지 자체가 어려워졌기 때문이다. 그리고 에너지 부족과 비공식 경제활동을 위한 근로자의 이탈 등으로 국영 기업의 가동률이 급속도로 떨어지자 북한 당국은 포괄적인 중앙계획경제 원칙을 부분적으로 포기하고 개별 기업 혹은 지방 정부의 자율권을 제고하는 일련의 조치들을 시행하게 된다.[2] 또한 기존에 중앙정부가 책임져 온 식량배급을 지방정부나 기업들에게 떠맡김으로써 이들의 자구 노력을 강조하기에 이르렀다. 따라서 이들 기업들

---

1 전통적인 북한 경제에서 시장화와 비공식화는 거의 동일한 개념이다. 소비재의 배급제가 거의 없었던 구소련과 동유럽의 사회주의 국가에서 소비재는 국영 상점에서 구입하는 것이 일반적이었기 때문에 이들 경제에서 시장의 존재와 비공식화는 구분될 수 있는 개념이었다. 그러나 식량 등 필수 소비재의 배급제가 중요한 배분 메커니즘이었던 북한에서는 이를 시장에서 구입한다는 것, 특히 공식적인 국영 상점이 아닌 다른 곳에서 구입한다는 것은 북한에서 시장화와 비공식화가 밀접히 연관되어 있음을 의미한다. 그러나 2000년대 이후 북한 당국이 일부 시장활동을 등록하게 하고 조세를 수취하는 현상이 발생하였다. 즉 비공식 시장활동을 부분적으로 공식화하는 경향을 보인 것이다. 이런 측면에서 보면 비공식 부문의 활동과 시장활동의 구분이 가능하다. 이에 대한 보다 자세한 논의는 이 장의 3절에서 진행된다.

2 예를 들면 1998년의 신헌법은 협동농장원이 아닌 주민들의 뙈기밭 경작을 수용하는 내용을 포함하고 있으며, 1997년에 개정된 가격법은 공식 가격의 제정 권한을 중앙 및 지방의 기관, 기업소, 단체로 확장하고 있다.

도 시장활동에 참여하여 수익을 창출하려는 경향이 생기게 되었다.[3]

2002년에 시행된 7·1 조치와 2003년의 종합시장 개설은 1990년대부터 있어 온 시장거래를 체계화·조직화하는 데 기여하였다. 7·1 조치는 기존의 공식가격을 당시의 시장가격과 유사한 수준으로 조정하고 근로자의 임금도 이에 맞추어 인상시켰다. 그리고 2003년에는 종합시장을 개설하여 시장을 제도화·체계화하였다. 종합시장에서는 군수품이나 남한 상품 등 정부가 지정한 거래 금지 품목을 제외한 거의 모든 종류의 상품을 거래할 수 있으며, 이전의 농민시장과는 달리 농민과 일반 주민은 물론이고 기업소와 협동농장도 매대를 임대해 상행위에 참여할 수 있도록 허용되었다. 그리고 종합시장에서의 거래에는 국정가격이 아니라 시장가격이 적용되었다.

그러나 시장에 대한 북한 당국의 정책은 2005년 이후부터 변화되기 시작하였다. 즉 시장 상인의 연령과 시장의 개설시간 제한, 심지어는 시장의 철폐 등을 통하여 소비재 유통 시장을 억제하는 이른바 '시장억압정책'을 펼쳐 왔다. 보다 구체적으로 시장에서 장사에 종사할 수 있는 상인들을 40~50대 이상의 여성으로 제한했으며, 2008년부터는 종합시장을 철폐하고 과거의 농민시장으로 되돌리는 시도를 하고 있는 것으로 알려졌다. 그리고 2009년에는 소위 '150일 전투'를 벌여 시장활동 참여자들을 협동농장이나 기업소 활동에 강제 동원함으로써 시장활동을 줄이려고 하였다.

2009년 11월 말에 발표된 화폐개혁은 시장활동을 억제하기 위한 매우 강력한 정책이었다. 구화폐와 신화폐를 100 : 1의 비율로 교환하되 교환한도를 설정함으로써 민간이 보유하고 있는 화폐량을 크게 감소시킨 것이다. 이는 시장에 소비자로서 참여하던 사람들의 구매력을 약화시키고 생

3 기업이 시장에 참여한 예로는 기업이 보유하고 있는 자산의 임대, 8·3 노동자, 생산품의 시장 판매 등을 들 수 있다.

산자 혹은 공급자로 참여하던 이들의 공급능력을 감소시킴으로써 시장의 규모를 크게 줄이려는 시도로 평가된다. 이와 동시에 외화 사용 금지와 아울러 시장을 축소하거나 폐쇄하기 위한 여러 조치를 시행하였다.[4]

시장의 축소 혹은 폐지를 의도했던 화폐개혁의 성과는 기대에 훨씬 못 미치는 것으로 보도되고 있다. 소비재 유통 면에서 국영 상점이 시장을 대체하지 못하고 국정가격의 고시가 늦어지면서 주민들은 소비재 구입에 큰 어려움을 겪게 되었다. 더욱이 시장폐쇄 등으로 생필품 구매가 제한을 받게 되자 주민들의 불만이 급증했으며, 급기야는 2010년 2월 초 김영일 내각 총리가 화폐개혁에 대해 인민반장들에게 사과하는 사태가 벌어졌다.[5] 이후 외화 사용 금지가 해제되고 시장이 다시 개설되는 등 시장에 대한 유화 조치가 취해진 것으로 알려지고 있다.

이상의 논의와 같이 1990년대 중반 이후의 시장은 북한 주민이 생계를 유지하는 원천이자 북한 정책 당국의 주요한 정책 대상이 되어 왔다. 시장은 국영 상점에서 구입할 수 없는 소비재를 유통시킬 뿐 아니라 시장 참여자들이 가계소득의 대부분을 벌 수 있는 공간으로 기능하였다. 그러나 이러한 시장의 기능은 북한의 정책결정자에게는 딜레마로 작용할 수 있다. 무너져 가는 공식 경제를 연명하고 주민의 생계를 어느 정도 보존한다는 측면에서 시장의 존재는 정권의 유지와 안정에 도움이 될 수 있다. 그러나 자본주의적 의식을 고취시키고 시장활동을 통해 부를 축적한 자들이 사회주의 이념과 북한 정권에 반대할 수 있다는 점에서 시장은 북한 정권에 잠재적으로 중대한 위험 요인이 될 수 있다.

그러나 이상의 판단은 자세한 미시적 연구를 수반하지 않을 경우 하나

---

4 예를 들어 공산품의 시장거래 자체를 금지하는 정책을 발표하였고 농산물의 경우에도 가격 상한선을 설정하여 결과적으로 시장 거래를 위축시켰다.

5 『조선일보』 보도에서 인용(http://issue.chosun.com/site/data/html_dir/2010/02/11/2010021100654.html).

의 가설에 머물 뿐이다. 시장이 북한 가계나 기업의 경제활동에 침투되어 있는 정도와 그 추이, 시장과 정부의 역학관계, 그리고 정부의 시장 관리 가능성에 대한 보다 체계적인 연구는 가계나 기업 수준의 미시적 데이터를 요구한다. 이를 위해서 북한에 거주하는 가계나 북한 기업을 대상으로 조사하는 것이 가장 이상적이지만 이는 현실적으로 가능하지 않다. 이런 측면에서 남한에 정착한 탈북자들의 북한 거주 당시 경제활동에 대한 조사자료는 북한 경제에 관하여 현재 획득할 수 있는 유일한 미시적 자료라고 할 수 있다.

탈북자를 대상으로 한 연구는 박석삼(2002) 이후 꾸준히 진행되어 왔다.[6] 특히 2009년에는 북한 경제의 시장화에 대해 주목할 만한 세 연구 결과가 발표되었다. 이석(2009)은 탈북자 자료를 사용하여 북한의 시장 규모를 추정하고 이를 식량의 시장가격과 유통자료를 이용한 추정치와 비교하고 있다. 이 연구에 따르면 탈북자 자료를 통해 북한의 시장 규모를 추정할 경우, 탈북자들의 계층분포상 시장의 규모가 과대추정될 가능성이 있다. 또한 이 연구는 다수의 북한 지역 자료를 활용하여 가격의 수렴 정도를 통해 시장의 성숙도를 추정하고 있다. 임강택(2009)은 시장을 부문별로 나누어서 북한 경제의 시장화를 평가하고 있다. 즉 북한의 시장을 소비재시장, 노동시장, 생산재시장, 부동산시장, 자본시장 등으로 분류하여 각각의 사례를 열거하는 동시에 각 부문별 시장에서 공식경제와 시장경제의 관계를 분석하고 있다. 마지막으로 김병연(2009)은 1996~2005년간 북한 경제의 비공식화를 살펴보고 비공식화의 추이에 의미 있는 변화가 있는지에 관해 실증적인 검증을 시도하였다.

이 책에서는 북한 경제의 비공식화에 대한 기존의 연구 성과를 다음과

6 예를 들면 이영훈(2007), 김병연·송동호(Kim and Song, 2008), 양문수(2005), 이승훈·홍두승(2007), Chang et al.(2009) 등이 그것이다.

같이 개선하고자 하였다.

첫째, 연구 결과의 신뢰성을 높이고자 하였다. 우선 보다 정교한 설문조사 문항을 구성하여 통계 자료와 분석 결과의 신뢰성을 높이기 위해 노력하였다. 예를 들면 이 연구에 사용된 주요 설문 문항에 대해서는 반복적이거나 연관된 질문을 통하여 그리고 소득과 지출 등에 대해서 그 구체적인 내용과 합을 별도로 질문하여 그 정합성을 점검할 수 있도록 구성하였다.

둘째, 최근의 비공식화 현상을 분석하였다. 앞에서 논의한 것처럼 시장에 대한 북한 정부의 정책은 2005년 이후 중요한 변화를 경험하였으나 2005년 이후의 탈북자 조사 자료에 의거한 기존 연구는 매우 제한적인 실정이다. 이 연구는 주로 2005년 이후의 탈북자를 대상으로 한 설문조사 자료를 이용하여 비공식화의 현황과 추세를 분석할 뿐 아니라 시장 억제를 의도한 정책의 효과 등을 평가한다.

셋째, 시장화 혹은 보다 넓은 의미인 비공식화의 동학을 연구하였다. 즉 이 연구는 북한 시장화의 동학을 이해하는 데 초점을 두고 있다. 앞에서 살펴본 바와 같이 1990년대 중반 이후 시장에 대한 북한 정부의 정책은 크게 묵인-허용-억제의 순으로 전개되어 왔다. 이러한 정책의 변화가 시장 규모나 활동에 미친 영향을 평가하기 위해서는 시장에 대한 시계열적인 자료, 즉 동학적 자료가 필수적이다. 이 연구는 2004~2005년과 2009년의 설문조사 자료를 결합함으로써 1990년대 후반부터 2007년까지의 비공식화 추세를 동학적으로 이해하려고 시도한다.

넷째, 기존의 탈북자 연구에 비해 시장화에 대한 보다 구체적인 사례를 들고 이를 분석하였다. 특히 제3장과 제4장은 탈북자 조사 자료를 바탕으로 시장화의 다양한 측면을 보다 세밀하게 분석하고 있다.

2) 연구방법과 연구자료

이 연구는 하나원에서 교육을 받고 있는 탈북자 200여 명을 대상으로 북한에 거주할 당시의 경제생활을 시장활동 중심으로 2009년에 조사한 통계 자료를 사용하고 있다. 특히 북한의 최근 경제 상황을 이해하기 위해 주로 2007년 이후에 북한을 탈출한 이들을 대상으로 설문조사를 진행하였다. 약 120여 개의 문항으로 구성된 설문지에는 북한 거주 당시의 소득과 지출, 비공식 혹은 시장 경제활동의 종류와 정도 등에 관한 질문이 포함되었다. 보다 구체적으로 설문지는 ① 공식 부문에서의 노동 및 직업, ② 비공식 혹은 시장 부문에서의 노동 및 직업, ③ 가계 소득 및 지출, ④ 비공식 부문에 관한 추가적인 질문 등 네 부분으로 이루어져 있다. 그리고 중요한 자료에 관해서는 다른 형태의 중복적인 질문을 통해 답변의 정합성이 확인되도록 구성하였다.

북한 경제의 비공식화 추세를 시계열적으로 비교하기 위해서 이 연구는 2004~2005년에 행해진 두 종류의 탈북자 조사 자료를 추가적으로 이용하고 있다. 첫 번째 자료는 1997~2005년에 북한을 떠난 탈북자 약 700여 명을 대상으로 북한 거주 당시의 경제 상황과 활동에 관해 설문한 2004~2005년의 자료이다.[7] 제2장에서는 이 자료와 위에서 언급한 2009년의 조사 자료를 결합하여 1996~2007년 동안의 전체 소득 혹은 지출 중 비공식 경제에 해당되는 비중을 시계열적으로 추정하였다. 두 번째 자료는 2005년에 북한의 시장 상황과 이용에 관해 탈북자 100여 명을 대상으로 설문조사를 실시한 결과이다. 이 자료와 2009년 조사 자료를 이용하여 제4장에서는 2005년과 2007~2008년의 양 시점에 북한의 비공식화에 변화가

---

7 이 설문조사에 관한 보다 상세한 정보는 김병연·송동호(Kim and Song, 2008)와 김병연(2009)에 제시되어 있다.

있었는지, 있었다면 어느 정도였는지를 평가하였다.

이 연구에는 탈북자의 심층 면접조사 자료도 이용되었다. 즉 200여 명의 정량적 설문조사 대상 탈북자 가운데 개인상업, 기업소 근무, 무역업 종사 등 다양한 형태의 노동 경력이 있는 탈북자 30명을 대상으로 그들의 시장활동에 대하여 면접조사를 진행하였다. 질문 내용은 탈북자 개인별로 상이하지만 시장활동, 북한 정부의 단속과 시장억제정책의 효과, 단속을 피하기 위한 대책, 시장활동이 야기한 사회·경제적 변화 등을 중심으로 조사가 진행되었다. 이 조사 결과와 함께 206명의 탈북자를 대상으로 2009년에 행해진 별도의 설문조사 내용은 주로 제3장의 논의에 이용되었다.

2. 탈북자 조사 자료를 이용한 북한 경제의 시장화 연구

탈북자 조사 자료를 이용하여 북한 경제의 시장화를 정량적으로 분석한 연구에는 박석삼(2002), 이영훈(2007), 김병연·송동호(Kim and Song, 2008), 김병연(2009) 등이 있다.[8] 이 가운데 박석삼(2002)의 연구는 탈북자 자료를 이용하여 북한의 소비재 유통 부문을 분석한 초기 연구 중 하나이다. 보다 구체적으로 이 연구는 탈북자 84명을 대상으로 북한 가계의 사경제(私經濟) 활동에 관한 설문조사를 실시하여 공식 소득과 비공식 소득의 규모를 추정하였다. 연구 결과에 따르면 비공식 부문에서의 소득은 공식 부문 소득의 53.6배에 달하였으나 표본 수의 제한 등으로 이 추정치에 대한 신뢰도는 그리 높지 않은 것으로 평가된다.

이영훈(2007)은 탈북자 335명을 조사하면서 이 가운데 1997~1999년과 2004~2006년에 탈북한 219명을 중심으로 2002년 7·1 조치 전후의 경제

8 이 문헌 연구의 일부는 김병연(2009)에서 부분적으로 인용하였다.

상황 변화가 가계 소득 및 지출과 시장활동에 영향을 주었는지를 평가하고 있다. 이 연구에서는 탈북자들의 전체 소득 가운데 임금 소득은 10% 미만이고 장사 소득이 90% 정도를 차지했지만, 7·1 조치 전후에 유의한 변화는 없는 것으로 추정하였다. 또한 소비재의 생산에서는 1997~1999년에 탈북한 104명 중 37명, 2004~2006년에 탈북한 116명 중 37명이 직접생산에 참여했다고 응답하여 7·1 조치 이전과 이후에 있어 직접생산에 참여한 개인들의 비중은 증가하지 않은 것으로 보고하고 있다. 그리고 전체 응답자 중 소비재의 유통에 국영 상점을 이용했다고 응답한 비중은 1997~1999년에는 2.0%, 2004~2006년에는 0.8%에 불과하여 가계 소비의 대부분이 비(非)국영 상점에서 이루어지고 있음을 보여 준다. 반면 7·1조치 이후에는 개인이 위탁운영하는 수매상점에서의 소비가 현격하게 증가하여, 1997~1999년에 수매상점을 주로 이용한 사람들의 비중은 2.0%에 불과했으나 2004~2006년에는 7.8%로 증가한 것으로 추정되었다.[9]

김병연·송동호(Kim and Song, 2008)와 김병연(2009)은 2004~2005년에 약 700명의 탈북자를 대상으로 주로 북한 가계의 비공식 경제활동을 설문조사한 자료를 이용해 북한 경제의 비공식화 가설을 검증하는 데 초점을 맞추고 있다. 조사 대상 탈북자의 96%는 1997~2004년에 탈북한 이들로, 조사 대상 기간은 고난의 행군기와 2002년 7·1 조치 이후 2년가량을 포괄한다. 먼저 김병연(2009)은 1996~2001년과 2002~2003년의 두 기간에 있어 비공식 부문의 크기, 보다 구체적으로는 가계의 소득과 지출에서 비공식 부문의 비중에 유의미한 차이가 존재하는지를 검증하였다. 그 결과 이 연구는 북한 가계의 소득과 지출 가운데 비공식 부문의 비중은 70~75%로 대단히 높았지만, 비중 자체가 2002년 7·1 조치 이후에 증가하지는 않

9 수매상점은 원래 개인 부업으로 나온 제품과 중고품 매매를 담당하는 상점이었으나, 이후 '8·3 제품'(유휴자재를 재활용해 만든 생필품)의 수매 및 판매 상점으로 기능하다가, 최근에는 개인이 돈을 내고 국가로부터 위탁받아 운영하는 상점을 일컫는다.

은 것으로 평가하고 있다.

김병연·송동호(Kim and Song, 2008)는 가계의 비공식 경제활동의 결정 요인을 추정하고, 더 나아가 비공식 경제활동이 공식 부문에서의 노동공급을 대체하는지를 실증적으로 평가하고 있다. 이 연구 결과에 따르면 공식 부문에서 소득이 낮을수록 비공식 부문의 참여도가 증가함으로써 북한의 비공식 경제활동은 주로 생존과 생계유지를 위한 것임을 시사하고 있다. 한편 뙈기밭 경작과 가내 축산을 제외한, 되거리 장사 같은 비공식 경제활동은 공식 부문에서의 노동시간과 음의 관계를 갖고 있는 것으로 추정되었다. 따라서 비공식 경제활동이 증가할수록 공식 부문이 더욱 위축될 가능성을 제시하고 있다. 그러나 연구 대상 기간 동안 비공식 경제활동이 공식 부문의 노동시간에 미치는 단위당 효과는 일정하여 북한에서 비공식화 가설의 성립 여부에 의문을 제기하고 있다.

이상과 같은 정량적 분석 외에 탈북자를 면접조사함으로써 북한 경제의 시장화를 정성적으로 분석한 양문수(2005b)와 이승훈·홍두승(2007)의 연구도 있다. 양문수(2005b)는 7·1 조치 이후 북한을 이탈한 주민 24명을 심층 면담한 결과를 토대로 북한 경제의 시장화를 소비재 유통과 생산의 측면에서 분석하고 있다. 이 연구의 주된 결론은 2002년 이후 시장화의 진전이 보다 뚜렷해진다는 것이다. 즉 2003년 3월부터 기존의 '농민시장' 대신 '시장'이라는 용어를 사용하고, 시장에서 판매가 가능한 물품도 종전의 농토산물(農土産物)에서 공업제품으로까지 확대하도록 허용했다는 것이다. 그리고 북한 당국이 시장가격을 고시할 때, 시장에서의 수요와 공급을 고려하여 한도가격이나 가격상한선을 정한다는 것이다. 또한 소비재의 생산에서도 개인이 부업이나 가내 수공업으로 생산한 물품들이 시장에서 판매되는 경우를 발견하고 있다. 즉 시장에서 판매되는 제품의 대다수가 중국산 제품이기는 하지만 옷, 신발, 비누, 치약, 칫솔, 화장품, 학습장, 연필 등의 경우 국내산도 판매되고 있으며, 이 가운데 상당수가 가내 수공업으로 만들어진다는 것이다.

이승훈·홍두승(2007)은 탈북자 23명을 대상으로 심층면담을 실시한 자료를 토대로 양문수(2005b)와 유사하게 가계의 비공식적 생산활동이 증가하는 현상을 기록하고 있다. 예를 들면, 개인들이 자재를 구하여 신발, 술, 의복, 심지어는 자동차 타이어까지 생산하는 경우를 보고하고 있다. 그리고 원자재는 중국에서 수입하거나 국영 공장에서 빼돌려 사용하기도 하며, 소비재 생산뿐만 아니라 개인이 허가받은 기업소의 명의를 빌려 식당이나 당구장을 운영하는 사례도 많다고 주장한다.

이와 같이 북한 경제의 시장화는 학자들의 주요한 연구 대상이 되어 왔다. 특히 2009년에는 시장화에 대한 연구내용이 보다 풍부해지고 분석의 질도 한층 깊어진 연구들이 발표되었다. 특히 임강택(2009)과 이석(2009)의 연구는 이 분야의 연구 성과를 크게 진전시키고 있다. 임강택(2009)의 연구는 기존 연구에 비해 북한 경제의 시장화 실태를 보다 포괄적으로 분석할 뿐만 아니라 이를 체계화하여 유형별로 정리하고 있다. 즉 북한 경제의 시장화 유형을 공식 경제 내의 시장화와 공식 경제 밖의 시장화로 분류하고, 그 두 유형을 다시 합법적 시장화와 불법적 시장화로 나눈 다음 각각의 유형에 해당하는 시장화 현상을 제시하고 있다. 그리고 시장을 부문별로 소비재시장, 노동시장, 생산재시장, 주택시장, 자본시장 등으로 구분한 다음 각 시장에 해당하는 사례를 소개하고 그 시장에서의 공식 경제와 비공식 경제의 관계를 논의하고 있다. 이 연구에 따르면 합법적 시장에서는 공식 경제와 비공식 경제가 서로 공생적 협력관계를 갖고 있는 특성이 두드러지는 반면, 불법적 시장에서는 상호 수취하는 기생적 관계를 갖고 있는 것으로 진단하고 있다. 그리고 공식 경제 자체도 기업 스스로나 기업 근로자를 통한 시장활동에 크게 의존하고 있으며, 정부의 공급능력이 한계에 달한 현 상황에서 시장 이외에는 다른 대안이 없을 것으로 전망하고 있다.

북한의 시장화에 대한 그간의 연구가 주로 탈북자 대상의 설문조사에 의한 것이라면, 이석(2009)의 연구는 탈북자를 대상으로 한 미시적 연구 외에 북한의 거시통계인 식량분배 통계와 지역별 시장가격 변화를 이용하여 북한의 시장 규모를 추정하고 시장의 성숙도를 평가하고 있다. 그는 탈북자의 소득이나 지출을 통하여 북한의 시장 규모를 추정하는 것은 시장의 규모를 과대 추정할 가능성을 내포하고 있다고 지적한다. 즉 1997~1998년의 식량분배 통계에 따르면 북한의 전체 식량분배에서 시장이 차지하는 비중은 18~35%에 불과한 반면, 1990년대 후반부터 2000년대까지의 탈북자를 대상으로 한 연구에 따르면 가계소득 중 비공식 소득의 비중은 65~76%에 이르고 있다. 이석(2009)은 이러한 차이를 가져온 이유 중 하나로 북한의 식량배분이 계층별로 불균등하게 이루어진다는 사실을 들고 있다.[10] 시장성숙도에 관해서는 주변에 있는 시장의 개수와 시장에서 구입 가능한 품목 등을 이용한 미시적 연구와 아울러 북한의 지역별 가격 데이터를 이용하여 가격의 수렴현상을 연구한 거시적 연구에서도 2000년대에 들어 북한의 시장성숙도가 더욱 진전된 현상이 관찰된다.

이와 같이 최근 들어 북한 경제의 시장화에 대한 연구는 시장 규모의 추정을 중심으로 한 기존의 연구 경향에 머물지 않고, 각종 시장에서의 시장화를 유형별로 구분하여 시장화 현상을 고찰하고 있다. 또한 여러 지표를 통해서 시장의 성숙도를 평가하거나, 북한의 시장경제와 공식 경제의 관계를 보다 엄밀히 분석하는 등 연구의 범위가 넓어지고 분석 방법도 체계화되고 있다.

---

10 이석(2009)의 주장은 북한의 시장 규모를 추정함에 있어 기존 미시적 연구의 한계를 지적함과 동시에 거시적 데이터를 활용할 필요성을 제기한다. 그러나 식량분배 통계가 1997~1998년의 자료라는 한계와 아울러 최근 들어 탈북자 계층이 이전에 비해 훨씬 다양화되었다는 점에서 미시적 자료와 거시적 자료의 불일치에 관해서는 보다 자세한 분석이 요구된다.

3. 연구내용과 시장화의 개념

이 연구는 탈북자 설문조사에 기초한 연구방법을 동원하면서 기존 연구에 비해 북한 경제의 동학적 측면, 특히 시장화를 둘러싼 정부와 시장의 관계 변화를 보다 자세히 분석한다. 보다 자세히 언급하면 이 연구는 북한의 시장 규모에 관한 연도별 자료를 구축하고 이를 기초로 북한 경제의 시장화 추세, 특히 북한 당국의 대(對)시장정책에 변화가 일어났던 2002년과 2005년을 기점으로 시장화 추세에 유의미한 변화가 있었는지 평가하며 이 결과의 의미를 해석한다. 그리고 북한의 시장경제와 공식 경제의 관계를 가능한 대로 정량적 데이터를 사용하여 분석한다. 이에 관한 분석은 제2장에서 진행되고 있다.

이 연구는 탈북자 설문조사와 심층 인터뷰 자료를 토대로 하여 미시적 논의의 깊이를 더했다는 의의가 있다. 우선 최근에 행해진 탈북자 조사자료 중 가장 많은 표본을 대상으로 체계적 설문조사를 실시하여 시장억제정책의 효과에 대해 구체적으로 분석하였다. 이를 통해 "2005년 이후 북한 당국의 시장억제정책은 효과를 거두었는가?" 또는 "과연 북한 정부는 시장을 관리할 능력을 갖고 있는가?"라는 중요한 질문에 응답하고자 한다. 이 주제에 관한 분석은 주로 제3장과 제4장에서 진행되고 있다. 이 질문에 대한 연구를 위해서는 탈북자를 대상으로 한 정량적 설문조사 결과와 탈북자의 심층 인터뷰 자료를 함께 이용한다.

시장과 정부의 관계를 분석하기 위해서는 우선 사용되는 용어를 가능한 명확히 정의하는 것이 필요하다. 그로스만(Grossman, 1977)은 소련 사회주의 경제에서의 비공식 경제를 직접적으로 사적인 이익을 추구하는 경제, 또는 현행 법률을 위반하고 있음을 알면서도 행해지는 활동 혹은 이 두 기준 모두에 해당하는 경제로 정의하고 있다. 그리고 이 경제를 1차 경제(first economy)인 공식 계획경제와 대비하여 2차 경제(second economy)라고 명명하고 있다. 오히런(O'Hearn, 1980)은 그로스만의 정의에 추가하여 2차 경제를 '계획경제 밖에서 행해지는 활동'으로 정의하였다. 이러한 비공식 경제 혹은 2차 경제에는 합법적 경제활동과 불법적 경제활동이 모두 포함될 수 있다. 예를 들어, 텃밭을 경작하여 얻은 농산물을 집단농장시장(kolkhoz market)에서 판매하는 것은 합법적인 경제활동으로 인정받았다. 그러나 이러한 활동은 중앙계획에 포함되지도 않고 직접적으로 사적인 이익을 추구하는 활동이기 때문에 2차 경제에 속한다. 반면에 국영 상점에서 낮은 가격으로 제품을 구입하여 시장에서 높은 가격으로 판매하는 활동은 일종의 '투기'로 간주되어 법으로 금지되었다. 즉 이러한 활동은 불법적 2차 경제활동에 속하는 것이다.

중앙계획이 존재하지 않고 직접적으로 사적인 이익을 추구하는 것이 허용된 시장경제에서 비공식 부문에 대한 정의는 사회주의에서의 2차 경제에 대한 정의와는 다르다. 비공식 경제에 관한 일반적인 정의는 두 가지로 구분될 수 있다. 첫째는 경제활동의 등록이나 조세 납부 여부를 기준으로 삼는 것이다. 예를 들면, 경제협력개발기구(OECD, 2002)는 비공식 경제를 "해당 국가의 국민소득 통계에 직접적으로 포함되지 않거나, 해당 기관에 등록되어 있지 않기 때문에 조세부담을 회피하는 경제활동"으로 정의하고 있다. 둘째는 제도적·법률적 규제의 적용 여부를 기준으로 삼는 것이다. ILO(2002)에 따르면 비공식 경제는 "법률적 규제를 받는 기업 및 고용관계의 바깥에서 이루어지는 모든 소득창출활동"을 의미한다.

시장경제에 적용되는 비공식 경제에 대한 이와 같은 정의 가운데 어느 정의를 사용하느냐에 따라 북한의 중앙계획 밖에 존재하는 경제활동을 달리 명명할 수 있다. 만약 OECD(2002)의 정의를 준용할 경우, 조세부담을 지는 일부 시장경제활동, 예를 들면 시장에서 매대를 가지고 장사하는 활동, 부동산 사용료를 내는 사적 경제활동, 심지어는 자신이 일하는 기업에 8·3 자금을 바친 대가로 공식 직장에 출근하지 않고 시장활동을 하는 8·3

표 1-1 북한의 공식·비공식 경제활동 분류

<table>
<tr><th>분류</th><th>세부내용</th><th>그로스만·오히런 정의에 따른 분류</th><th>OECD 정의에 따른 분류</th><th>ILO 정의에 따른 분류</th></tr>
<tr><td>계획</td><td>전통적 계획경제 내의 활동</td><td>1차(공식) 경제</td><td rowspan="2">공식 경제</td><td>공식 경제</td></tr>
<tr><td rowspan="2">시장</td><td>등록되어 있거나 조세를 부담하는 시장활동 (예: 매대, 기업소 자산을 임차하여 영업)</td><td rowspan="3">2차(비공식) 경제</td><td rowspan="3">비공식 경제</td></tr>
<tr><td>등록되지 않고 조세를 부담하지 않는 시장활동 (예: 텃밭, 뙈기밭 경작물의 시장 판매, 메뚜기 장사, 밀수)</td><td rowspan="2">비공식 경제</td></tr>
<tr><td>기타</td><td>시장활동을 동반하지 않는 중앙계획 밖의 경제활동 (예: 텃밭, 뙈기밭 경작물의 자가소비)</td></tr>
</table>

노동자들의 경제활동도 공식 경제에 속할 수 있다. 그러나 이러한 활동에 종사하는 이들의 재산권은 매우 불완전하며, 이들의 각종 거래활동도 법률의 보호를 거의 받지 못하는 것으로 판단된다. 따라서 ILO(2002)의 정의에 따르면 이러한 경제활동은 비공식 경제에서 영위되는 것으로 간주된다.

표 1-1은 공식·비공식 경제의 정의와 그에 따라 북한에서 일어나는 경제활동을 분류한 것이다. 먼저 북한에서의 경제활동을 중앙계획 내의 경제활동과 그 밖의 경제활동, 즉 등록되어 있거나 조세를 부담하는 시장활동, 등록되지 않고 조세를 부담하지 않는 경제활동, 시장활동을 동반하지 않는 중앙계획 밖의 경제활동으로 구분하고 이에 대해 각각 그로스만과 오히런, OECD, ILO의 정의를 적용하여 공식 경제활동과 비공식 경제활동으로 분류하고 있다. 여기서 가장 논란이 될 수 있는 것은 '등록되어 있거나 조세를 부담하는 시장활동'이다. 즉 OECD(2002)의 정의, 즉 '조세 납부 여부'라는 기준을 준용하면 '등록되어 있거나 조세를 부담하는 시장활동'은 공식 경제에 포함된다.[11] 그러나 ILO(2002)의 정의에 의하면 이러한

활동은 법의 보호를 거의 받지 못하기 때문에 비공식 경제에 포함된다.

이 책에서는 중앙계획경제와 밑으로부터의 시장활동이 공존하는 북한의 현실을 고려하여 북한의 비공식 경제를 정의하고자 한다. 즉 그로스만·오히런과 ILO의 정의를 준용하여 비공식 경제활동을 '중앙계획 밖에 존재하거나 법적인 보호를 받기 어려운 소득창출 경제활동'으로 정의한다. 이 정의에 따르면 텃밭, 뙈기밭 경작물의 자가소비와 같이 시장활동을 동반하지 않는 중앙계획 밖의 경제활동도 비공식 경제활동에 속한다. 따라서 북한의 경우 비공식화(informalization)는 시장화(marketization)보다 광의의 개념이라고 볼 수 있다.[12] 그 이유는 텃밭, 뙈기밭 경작물의 자가소비 같은 경제활동은 비공식 경제에는 속하지만 시장경제활동에는 속하지 않기 때문이다. 그러나 자신이 생산한 농작물의 자가소비활동을 제외하면 시장화와 비공식화는 동일한 개념이다. 특히 북한 경제에서 중요한 연구 주제는 시장중심적 경제활동이며, 따라서 농작물의 자가소비가 갖는 정치경제학적 중요성은 제한적이다. 따라서 이 연구에서는 생산한 농작물을 스스로 소비하는 경제활동을 반드시 포함해야 하는 경우를 제외하고는 시장화 혹은 비공식화라는 두 용어를 상호 교환 가능한 것으로 간주한다.

---

11 여기서 추가적으로 고려해야 할 주제 중 하나는 소위 북한의 당경제와 궁정경제의 존재이다. 이 경제들도 북한 안팎의 시장경제활동과 연계되어 있으며 계획경제를 기초로 하는 내각경제와도 연관되어 있다(임강택, 2009). 당경제와 궁정경제가 중앙계획에 포함되는지 여부, 포함된다면 어느 정도 포함되는지에 관한 자료는 매우 부족하다. 따라서 계획경제는 엄격한 의미에서 중앙계획(central planning)을 의미하는 것으로 해석하기보다 통제경제(controlled economy)로 해석한다면 여기에는 당경제와 궁정경제도 포함될 수 있을 것이다. 그러나 이에 대한 자세한 고려는 이 연구의 범위를 벗어나는 것으로 간주하여 이 연구의 분석 대상에서 제외한다.

12 그러나 여기에서 시장화가 시장경제화를 의미하는 것은 아니다. 시장경제화란 시장경제를 뒷받침하는 제도를 포함하여 경제체제가 바뀌는 것을 의미하는 반면, 북한에서의 시장화란 밑으로부터 시작된 시장활동의 증가를 의미하는 것으로서 체제의 변화를 시사하는 것은 아니기 때문이다.

이상의 논의는 전통적인 사회주의 경제에서의 비공식화 가설(informalization hypothesis)과 맞닿아 있다. 비공식화 가설에 따르면 사회주의에서 비공식 경제의 규모가 적정 수준을 넘게 되면 공식 경제 혹은 계획경제의 정합성을 떨어뜨리고 공식 경제에 필요한 투입요소들이 비공식 경제로 이전됨에 따라 비공식 경제는 공식 경제를 침해하는 요인으로 작용한다(Treml and Alexeev, 1994; Grossman, 1998).[13] 그리고 더 나아가 시장지향적 가치관이 형성됨에 따라 사회주의의 이념적 토대가 훼손되는 현상이 발생한다. 시장에 기초한 비공식 경제활동이 초래한 경제적·이념적 침식 현상은 비공식 경제의 규모가 증가함에 따라 더욱 심각해져 결국에는 사회주의 계획경제를 붕괴시키는 데까지 이르게 된다는 것이 이 가설의 핵심이다.

이 책의 제2장에서는 탈북자를 대상으로 한 정량적 설문조사에 의거하여 북한을 대상으로 비공식화 가설을 검증한다. 보다 구체적으로 1996~2007년 동안 시장 규모의 동학과 아울러 비공식(시장) 경제와 공식 계획경제의 관계, 그리고 정부의 시장통제능력에 대한 정량적 분석을 시도한다. 제3장은 주로 탈북자의 심층 설문조사 자료를 이용하여 2007~2009년 동안 북한의 시장화 억제 정책의 효과를 분석한다. 그리고 탈북자의 정량적 설문조사 자료를 추가적으로 활용하여 시장화 억제 정책의 성과와 한계, 그리고 파급 효과를 검토한다. 제4장은 시장화에 대한 북한 정부의 관리 가능성을 시장화 촉진기와 시장화 억제기로 나누어서 평가한다. 즉 2005년과 2009년에 행해진 두 번의 독립적인 조사 자료를 이용하여 시장화의 정도를 평가하고 억제와 촉진의 결정 요인들을 살펴본다. 제5장에서는 제4장까지의 연구결과를 요약하고 이 결과가 북한 경제와 북한의 정책결정자에게 주는 함의를 논한다.

---

13 이에 대한 보다 자세한 논의는 김병연(2009)을 참조하라.

제2장

북한 경제의 시장화에 대한 분석과 평가

1. 서론

북한 사회주의 경제에서 가장 특이한 현상 중 하나는 시장거래의 비중, 특히 유통 부문의 시장거래 비중이 매우 높다는 점이다. 이미 1960년대 이후부터 지속적인 경제침체를 경험해 왔던 북한 경제는 1990년대 중반 이른바 '고난의 행군'을 거치면서 전통적인 경제 운용으로는 주민들의 생존조차 보장하기 힘든 큰 위기를 경험하게 되었다. 이에 대응하여 북한 당국은 주민들의 시장이용을 허용 또는 묵인하지 않을 수 없었고, 그 결과 북한 경제의 시장화가 급속도로 진행되었다.

전통적인 사회주의 경제에서 기업 간 거래는 중앙계획에 의해 무현금 거래로 이루어진다. 그리고 가계의 소비재 구입은 국영 상점에서 현금으로 이루어지며, 이는 '가계의 소득과 지출의 액상 균형 계획'의 형태로 전체적인 경제계획에 포함된다. 그러나 이러한 교과서적인 사회주의가 실제로 집행되기는 어려웠다. 계획대로 경제를 운용하기 어려웠고, 더욱이 소비재 부문은 계획경제의 우선순위에서 하위를 차지하는 경우가 많아 소비재 부족이 만연하였다. 이와 같은 계획 부문에서의 소비재 부족 현상은 소비재를 거래하는 암시장 혹은 비공식 시장의 형성으로 이어졌다. 그리고 시기에 따라 비공식 시장에 대한 정책이 변하기는 했지만, 시간이 지날수록 사회주의 정부도 비공식 시장을 묵인하거나 허용하는 태도를 취하였다.

북한의 시장거래 비중은 구소련과 동유럽의 사회주의와 비교하여 월등히 높은 수준으로 평가된다. 소련의 가계 자료를 이용하여 소련의 비공식 소득과 지출을 분석한 김병연(Kim, 2003)의 연구에 따르면 1969~1990년 동안 소련 가계의 총소득과 총지출 가운데 비공식 소득과 지출이 차지하는 비중은 각각 연평균 16.3%, 22.9%에 달했다. 반면 북한의 경우에는 1996~2001년 동안 총소득 중 비공식 소득이 차지하는 비중은 74.6%였으며 2002~2003년에는 79.1%를 차지하였다(김병연, 2009). 그리고 위의 두 기간 동안 가계의 식품비 지출 중 국영 상점 이외에서의 지출 비중은 각각 68.6%와 72.9%에 달하였다. 이와 같이 높은 수준의 시장거래 비중은 그 동안의 구소련, 동유럽 사회주의 경제에는 존재하지 않았던 매우 특이한 사회주의 경제의 모습을 보여 주고 있다.

북한 경제의 시장화 정도와 추이가 북한 경제 전반에 미치는 영향, 특히 사회주의 체제의 유지에 끼치는 영향은 주요 관심 대상이 되어 왔다.[1] 1990년대 이후, 특히 7·1 조치 이후의 북한 경제를 연구하는 학자들 사이에서 가장 중요한 연구주제 중 하나가 북한 경제에서의 시장거래 확대, 즉 시장화 정도를 평가하고 그 추이를 전망하는 것이었다. 예를 들어 일부 학자들은 북한 경제의 소비재 유통 분야에서 시장화가 진행되면서 이러한 시장화가 밑으로부터의 자연적인 체제전환을 초래할 것이라는 견해를 피력하고 있다(박순성, 2002; 김연철, 2003). 이러한 논의는 구소련의 붕괴를

1 시장화는 시장경제화를 의미할 수 있으나 이 책에서는 이 두 개념을 구분하여 전자는 시장거래의 확대, 후자는 자본주의로의 체제전환을 의미하는 것으로 이해한다. 즉 후자가 더 본질적인 변화를 의미하는 것으로, 후자는 전자를 포괄할 수 있지만 그 역은 성립하지 않는다.

설명하는 이론 중 하나인 비공식화 가설(informalization hypothesis)과 맥이 닿아 있다. 이 가설에 따르면 소비재 시장에서의 시장화 혹은 비공식화는 중앙계획의 기능을 마비시키고 북한 체제와 주민들을 시장경제활동에 노출시킴으로써 사회주의 계획경제를 밑에서부터 와해시킬 것이라는 주장이다.[2] 이는 북한 정권이 의도적인 체제이행을 선택하지 않더라도 다수 인민들의 의식과 경제활동이 자본주의적으로 변함에 따라 북한 체제는 불가피하게 시장경제로 전환될 것이라는 의미를 내포한다.

이상의 주장과 대조적으로, 다른 그룹의 학자들은 북한 경제의 시장화를 북한 정부가 계획경제를 정상화하려는 과정에서 비롯된 시도, 즉 '이보 전진을 위한 일보 후퇴'로 이해하고 있다(조동호, 2002; 연하청, 2002; 이태욱, 2003). 이들에 따르면 시장화를 동반하는 북한의 경제개혁에는 사회주의 체제를 변화시킬 만한 급진성은 포함되어 있지 않으며, 오히려 통제 불능 상태에 빠진 계획경제 부문의 회복이 그 정책의 목표라는 것이다. 그리고 시장화가 진행되더라도 그것은 정부가 허용한 범위 내의 '제한된 시장화'로서, 자본주의를 향한 불가역적인 시장화와는 구분되어야 한다고 주장한다. 또한 박형중(2004), 양문수(2004) 등은 사회주의 경제개혁의 단계별 진전 양상에 초점을 맞추어 북한에서 나타나는 시장 부문의 비중 확대를 '부분개혁체제'라고 보는 중간적 평가를 내리고 있다.

7·1 조치 이후 초기의 연구들이 객관적인 통계자료의 뒷받침 없이 여러 자료들의 기술과 해석에 의존했다면, 최근의 연구들은 주로 탈북자 조사자료를 이용하여 비공식화 가설을 보다 구체적·체계적으로 평가하고 있다(양문수, 2005b; 이영훈, 2007; 이승훈·홍두승, 2007; 김병연, 2009; Kim and Song, 2008). 예를 들어 이영훈(2007)은 1997~1999년과 2004~2006년에 탈북한 219명을 중점 조사대상으로 선정하여 2002년 7·1 조치 전후의 경

---

2 이에 대한 보다 자세한 논의는 김병연(2009)을 참조하라.

제상황 변화를 가계 소득 및 지출, 그리고 시장활동과 관련하여 분석하였다. 김병연(2009)과 김병연·송동호(Kim and Song, 2008)는 현재까지 진행된 탈북자 조사 중 가장 큰 규모의 표본과 체계적인 설문 문항에 의존한 700명의 탈북자 조사자료를 활용하여 비공식화 가설을 통계적으로 평가하고 있다. 이상의 연구결과에 따르면 7·1 조치 이후가 그 이전에 비해서 시장화가 더욱 진전되었다는 가설은 통계적으로 유의하지 않다는 것이다.

그러나 이상과 같은 연구들의 한계는 뚜렷하다. 첫째, 설문조사가 2004~2006년에 행해짐으로써 7·1 조치와 그 이후 개혁조치의 구체적 효과를 경험한 표본 수가 적다는 것이다. 예를 들어, 2004년 이후에 탈북한 표본은 이영훈(2007)의 경우 116명, 김병연(2009)과 김병연·송동호(Kim and Song, 2008)의 경우는 74명에 그침으로써 표본 수의 제한 때문에 비교적 최근의 시장화에 관한 연구결과의 신뢰성이 저하되는 문제가 발생한다. 보다 구체적으로 이는 비공식화 가설의 평가와 관련하여 중요한 사건 중 하나인 2003년의 종합시장 개설과 그에 따라 각종 국가납부금, 사용료 제도가 신설·정착되어 시장이 제도 내로 일정 부분 포함되는 시기를 분석하는 데 한계를 초래한다. 둘째, 2005년 이후 북한 정부는 시장화를 억제하기 위해 여러 정책들을 시도하고 있으나, 기존의 탈북자 조사자료를 통해 그 효과를 파악하기는 어렵다. 북한은 2005년 10월에는 배급제로의 복귀를 선언하기도 했으며, 2006년에는 만 17세 이상의 성인 남성의 장사를 금지시키기도 했다. 또한 2007년 4월 1일부터 전국 농민시장 정돈사업을 실시하면서 상행위 연령을 45세 혹은 49세 이상으로 제한하기 시작하였다. 이와 같은 시장화를 둘러싼 정부 정책이나 상황 변화의 효과를 체계적으로 평가하기 위해서는 7·1 조치 이후의 시기, 특히 2005년 이후의 시기에 대한 분석이 필요하다. 그러나 이상에서 언급한 탈북자 자료에는 2004~2005년의 탈북자 수는 소수에 그치며 2007년과 2008년의 탈북자가 한 명도 포함되어 있지 않다는 점이 최근 변화에 대한 연구의 큰 제약 요인이 되고 있다.

북한 경제의 시장화가 사회주의 체제에 미치는 영향, 특히 시장화의 불가역성과 그로 말미암은 밑으로부터의 계획경제 해체 가능성을 체계적으로 평가하기 위해서는 다음과 같은 분석이 요구된다.

첫째는 시장을 기반으로 하는 경제의 규모가 크고 증가 속도가 뚜렷한지 살펴보는 것이다. 시장은 그 속성상 스스로 확대하려는 동력을 가지고 있기 때문에 정상적인 경우라면 시장의 규모는 시간이 흐름에 따라 커질 것이다. 만약 이러한 경향이 두드러지지 않다면 어떤 제도적·정치적 요인들이 시장화를 제약하는 것으로 간주할 수 있다. 그리고 북한 사회주의 제도와 정권의 정책 의지가 시장화를 제한하는 가장 강력한 요인이 될 가능성이 높다.

둘째, 공식 계획경제의 시장경제 의존성을 평가하는 것이다.[3] 계획경제가 시장경제에 의존적이라면 시장경제활동의 감소는 공식 계획경제에 부정적인 영향을 줄 것이다. 특히 그 의존도가 높을수록 공식 계획경제가 입게 되는 충격은 클 것이다. 만약 북한 정권이 시장경제활동을 위축시키거나 철폐하려 한다면 계획경제마저도 위태로워져 그런 시도가 주는 경제적 비용은 증가하게 된다. 따라서 계획경제의 시장의존도가 높을수록 시장화의 불가역성은 증가할 것이다.

셋째, 북한 경제에 대한 정치적 통제 능력이 감소하는지를 평가하는 것이다. 정책이 효과를 발휘하기 위해서는 정부의 정책을 입안·실행하는 시스템과 관료들의 인센티브가 정책이 추구하는 바와 일치할 필요가 있다.

---

3 1990년대 중반 이후 북한에서의 중앙계획의 정도와 그 범위는 소련이나 동유럽의 전통적 사회주의 국가에 비해 크게 축소된 것으로 평가된다. 그러나 계획의 정도와 범위를 정확히 평가하기에는 자료가 매우 부족하다. 따라서 이 책에서 북한의 계획경제를 언급할 때는 중앙통제경제(centrally controlled economy)를 의미하는 것으로 해석할 수 있을 것이다.

만약 사회주의 체제의 통제에 필요한 정치적·행정적 기제가 와해되었거나, 관료들의 인센티브가 시장 통제를 반대하는 방향으로 기울어져 있다면 정책의 유효성은 감소할 것이다. 예를 들어 관료들이 시장에서 발생하는 지대나 뇌물로 상당한 수입을 올리고 있다면 정부의 시장거래 근절이라는 정책이 그리 큰 효과를 발휘하기 어렵다.

이상의 주제를 체계적으로 분석하기 위해서는 정량적 자료를 확보하는 것이 필수적이다. 이 책에서는 탈북자 설문조사 자료를 통해 북한 가계의 시장경제활동을 평가하려 한다. 무엇보다 북한에 관한 통계자료가 제한된 상황에서 탈북자들을 설문조사하여 얻은 자료는 시장경제와 관련하여 거의 유일한 통계자료이다. 더욱이 북한의 시장과 관련된 자료는 현재 그곳에 거주하는 사람들로부터는 취득하기 어렵지만 북한을 탈출하여 남한에 정착한 탈북자들은 북한에서의 시장경제활동에 관해 비교적 자유롭게 응답할 수 있다는 이점도 있다. 또한 현재 북한의 경우 시장경제의 대부분이 유통 중심의 소비재시장에서 형성되어 발달한 것으로 평가되기 때문에 탈북자를 대상으로 한 설문조사는 북한 시장경제의 특성과도 잘 부합된다고 할 수 있다.

이 책에서는 북한 경제의 시장화와 관련하여 다음과 같은 논점을 제시하고 탈북자 설문조사 자료를 이용하여 이를 분석하고자 한다. 첫째, 비공식 부문의 규모는 시간이 흐를수록 증가하고 있다는 가설이다. 이 가설을 검증하기 위하여 가계소득과 지출 중에서 시장에서 벌어들인 소득과 지출의 비중이 증가하는지 여부를 검정한다. 둘째, 계획 부문의 시장경제 의존도가 높은지 평가하는 것이다. 이를 위해 기업의 투입과 산출, 그리고 노동력 측면에서 기업과 시장의 관계를 분석한다.[4] 셋째, 북한 경제에 대한

4 북한 재정수입의 시장의존도는 북한 정책 당국의 입장에서 볼 때 시장억제정책의 가장 중요한 비용으로 평가될 수 있다.

정치적 통제능력의 정도와 추이를 알기 위해 가계의 지출 중 뇌물의 비중을 추정한 후 그 수준과 추이를 살펴본다.

이 연구에서는 북한 경제에서 시장화의 정도와 추이, 그리고 시장화의 효과에 관한 기존의 연구 성과를 다음의 두 측면에서 개선하고자 한다. 첫째, 2007년 이후에 탈북한 200명가량을 대상으로 정량적 설문조사를 시행하고 북한의 시장화에 대한 분석 결과를 이전의 설문조사 결과, 예를 들면 2004~2005년의 자료를 이용한 김병연(2009)과 김병연·송동호(Kim and Song, 2008)의 결과와 비교한다. 즉 보다 구체적으로 유통과 생산 부문에서 북한 주민들의 시장활동 규모와 추이를 최근의 기간까지 포함하여 살펴볼 것이다. 이를 위하여 2009년의 설문 문항을 가능한 한 2005년의 설문과 유사하게 구성하여 통계자료 간의 비교가능성을 증대시킨다. 둘째, 북한 경제의 시장화 혹은 비공식화 가설을 보다 최근의 자료를 활용하여 체계적으로 평가한다. 특히 기존의 정량적 연구가 탈북자 자료를 이용하여 시장경제의 규모나 추이를 추정하는 데 그쳤다면 이 연구는 그와 더불어 계획 부문과 시장 부문의 관계와 그 동학을 분석하는 내용을 포괄한다.[5] 따라서 이 연구는 그동안 진행되어 온 북한 경제의 비공식화에 대한 논의를 개선하는 동시에 이를 체계화하는 데 기여할 수 있을 것으로 기대된다.

5 주로 최근의 탈북자들, 그중에서도 비공식 시장에 깊이 참여한 이들을 대상으로 심층면담을 실시하고 다방면의 문헌들을 조사하여 시장과 관련된 정책과 그 효과, 그리고 비공식 시장과 다른 부문의 관계를 살펴볼 것이다.

2. 탈북자 설문조사와 결과

1) 조사방법과 기술적 통계

2009년에 시행된 탈북자 설문조사에서는 2004년 이후, 특히 2007년과 2008년에 북한을 탈출한 이들을 대상으로 집중적으로 조사하였다. 설문 문항은 김병연(2009)과 김병연·송동호(Kim and Song, 2008)의 연구에 사용된 문항을 중심으로 하되 약간의 수정을 가하였다. 즉 탈북자들이 북한에 거주할 당시, 보다 구체적으로 탈북 1년 전 북한에서의 경제활동(특히 노동, 소득과 지출, 시장경제활동)에 대해 집중적으로 조사하였다.[6] 김병연(2009)과 김병연·송동호(Kim and Song, 2008)의 설문 문항은 1970년대 소련에서 미국으로 이민 온 사람들을 대상으로 미국 UC 버클리와 듀크대학의 학자들이 개발한 문항을 참고하여 북한의 실정에 맞게 대폭 수정한 것이다. 문항 수는 총 120여 개이며 다양한 방법으로 답변의 신뢰성을 교차검정할 수 있도록 구성되어 있다. 예를 들어, 소득의 총계와 개별 구성 항목에 대한 답변을 분리하여 개별 소득원에서 나오는 소득의 합이 소득 총계와 일치하는지 살펴볼 수 있게 하였다. 또한 피설문자 수는 200명 이상을 유지하여 과소 샘플링에 따른 오류를 가능한 피하고자 하였다.

2009년 설문 문항은 2004~2005년 조사와 유사하기 때문에 이 두 가지 탈북자 조사자료를 이용하여 1996년부터 2007년까지 북한의 비공식 경제에 관한 시계열적 자료를 확보할 수 있다. 표 2-1에서 보는 것처럼 2005~2006년에 탈북한 이들을 제외하면 한 해에 40~180여 명의 표본이 존재한다. 그리고 2007~2008년에 북한을 탈출한 표본을 합칠 경우 200여 명

6 즉 설문조사는 탈북 연도의 1년 전을 기준으로 진행되었다. 예를 들면 1997년에 탈북한 사람들은 1996년의 경제활동에 대해 응답하도록 설문이 설계되었다.

표 2-1 조사 대상 탈북자의 연도별·성별 분포 (단위: 명, 괄호 안 %)

탈북 연도	2004~2005년 조사	2009년 조사	조사대상 탈북자	조사대상 중 남성 응답자	조사대상 중 여성 응답자
1988년	1				
1990년	2				
1992년	3				
1993년	1				
1994년	4				
1995년	5				
1996년	8				
1997년	116	4	116	49 (42.2)	67 (57.8)
1998년	179	1	179	64 (35.8)	115 (64.2)
1999년	74	2	74	37 (50.0)	37 (50.0)
2000년	52	0	52	26 (50.0)	26 (50.0)
2001년	57	1	57	22 (38.6)	35 (61.4)
2002년	62	1	62	25 (40.3)	37 (59.7)
2003년	59	1	59	20 (33.9)	39 (66.1)
2004년	73	2	73	33 (45.2)	40 (54.8)
2005년	1	2			
2006년		3			
2007년		42	42	6 (14.3)	36 (85.7)
2008년		162	162	73 (45.1)	89 (54.9)
2009년		3			
총계	697	224	876	355 (40.5)	521 (59.5)

이 되어 2007~2008년과 그 이전 시기의 비공식 경제의 성격을 비교할 수 있다. 즉 본 연구의 주된 논점 중 하나인 시기별 구조 변화를 살펴보기 위해서 2004~2005년과 2009년의 설문조사 결과를 합쳐서 사용하였고, 2005년 이후 북한의 정책 변화에 따른 구체적인 영향에 대해서는 2009년 탈북자 조사를 주로 사용하였다. 탈북 시기에 따른 조사 대상은 표 2-1과 같다.

표 2-2 조사 대상 탈북자의 탈북 당시 연령 (단위: 명, %)

연령	2004~2005년 조사		2009년 조사	
	응답자 수	비중	응답자 수	비중
10세 미만	1	0.2	3	1.5
10대	67	10.0	6	2.9
20대	220	32.7	65	31.9
30대	216	32.1	78	38.2
40대	97	14.4	37	18.1
50대	39	5.8	14	6.9
60대	25	3.7	1	0.5
70대	7	1.1	-	-
총계	672	100.0	204	100.0

표 2-3 조사 대상 탈북자의 탈북 당시 거주지 (단위: 명, %)

거주지	2004~2005년 조사		2009년 조사	
	응답자 수	비중	응답자 수	비중
평안도(평양 포함)	67	10.0	13	6.3
함경도	557	82.9	117	57.4
황해도	18	2.7	9	4.4
강원도	11	1.6	5	2.5
자강도	3	0.5	-	-
양강도	14	2.1	56	27.5
그 외	2	0.3	-	-
무응답	-	-	4	2.0
총계	672	100.0	204	100

표 2-2에서 볼 수 있듯이, 2004~2005년 조사에서는 탈북 당시 연령이 20~50대인 응답자가 전체의 85.0%에 해당하고, 2009년 조사의 경우에는 20~50대인 응답자 비중은 이보다 높은 95.1%를 차지하고 있다. 이는 응

답자의 대다수가 핵심경제활동층(prime age)임을 보여 주며, 따라서 이 설문조사 결과가 북한의 경제활동을 파악하기에 적절한 자료임을 시사하고 있다.

탈북 당시 거주지의 경우에는 2004~2005년과 2009년 조사에서 다소 변화가 있음을 표 2-3을 통해 알 수 있다. 2004~2005년 조사에서는 함경도(82.9%)가 압도적으로 많았지만, 2009년 조사에서는 함경도(57.4%)뿐만 아니라 양강도 출신(27.5%)도 높은 비중을 차지하고 있다.

2004~2005년 조사의 경우 탈북 후에 남한으로 입국하기까지 평균적으로 3.7년이 걸린 반면에, 2009년 조사에서는 탈북 후 1년 이내에 남한으로 입국했다고 한 경우가 전체 응답자의 83%를 넘어서 이전 자료에 비해 기억오차로 인한 편향은 감소했을 것으로 추정된다.

2) 비공식 경제에의 참여

표 2-4에 따르면, 전체 응답자 중 76.0%(665명)가 비공식 경제활동에 참여한 것으로 나타났다. 반면 공식 부문의 직업을 가지고 있는 응답자의 비중은 52.7%에 불과하였다. 즉 참여 여부로만 평가할 때 공식 경제 부문보다 비공식 경제 부문에 더 많은 사람이 참여하고 있는 것으로 평가된다. 그리고 공식 부문과 비공식 부문에 동시에 참여했다고 응답한 비중도 37.6%에 달하였다. 특히 부문별로 성별 참여도는 비교적 큰 차이를 보이고 있다. 남성의 경우 공식 부문과 비공식 부문의 참여율은 각각 70.4%, 68.2%로서 별 차이가 없는 반면, 여성의 경우는 각각 40.7%와 81.4%로서 비공식 부문의 참여율이 2배가량 높은 것으로 나타났다.

표 2-5를 통해 비공식 부문에 참여하는 사람들의 특성을 보다 자세히 살펴볼 수 있다. 남성은 여성에 비해 공식 부문에만 참여하는 비중이 높은 반면 비공식 부문에만 참여하는 비중은 낮았다. 그리고 공식 부문과 비공

표 2-4 공식 경제와 비공식 경제에의 참여도 (단위: 명, %)

구분		비공식 경제			
		아니오	예	총계	비율(%)
공식(계획) 경제	아니오	78	336	414	47.3
	예	132	329	461	52.7
	총계	210	665	875	
	비율(%)	24.0	76.0		100.0

표 2-5 공식·비공식 부문별 참여자의 특성

구분		공식 부문만 참여	비공식 부문만 참여	두 부문 다 참여	두 부문 다 참여하지 않음
남성 비율(%)		60.6	21.4	51.7	42.3
연령(세)		40.5	42.4	41.5	31.6
가족구성원 수(명)		3.4	3.4	3.8	3.8
세대주(가장) 비율(%)		84.8	81.8	89.1	60.3
최종 학력 비율 (%)	인민학교 졸업 이하	12.9	19.4	13.7	28.2
	고등중학교 졸업	53.8	55.8	58.5	53.9
	대학교 졸업 이상	33.3	22.4	26.8	17.9

식 부문에 동시에 참여하는 사람들의 가족 구성원 수는 한 부문에만 참여하는 사람에 비해 다소 많았으며 세대주일 확률도 높았다. 학력의 경우 비공식 부문에만 참여하는 응답자보다 공식 부문에만 참여하거나 양 부문 모두 참여하는 응답자의 학력이 상대적으로 높은 것으로 나타났다.

표 2-6에 따르면, 부업의 종류는 경작 또는 축산 부업을 하지 않고 장사, 직접생산 등을 하는 경우가 약 60%로 가장 높게 나타났다. 다음으로 경작 혹은 축산과 다른 부업을 동시에 영위하는 경우가 부업을 하는 총응답자의 23.2%를 차지했으며, 경작 또는 축산 활동에만 종사하는 응답자는

표 2-6 부업의 종류 (단위: 명, 괄호 안은 %)

구분	비공식 부문에만 참여	공식·비공식 부문 모두 참여	총계
경작 또는 축산	52 (15.5)	59 (18.0)	111 (16.8)
경작 또는 축산 이외의 부업	210 (62.9)	187 (57.2)	397 (60.0)
경작 또는 축산 + 다른 부업	72 (21.6)	81 (24.8)	153 (23.2)
총계	334 (100.0)	327 (100.0)	661 (100.0)

전체 부업 종사자 중 16.8%에 달하였다. 특히 비공식 부문에만 참여하는 경우 경작 또는 축산 이외의 부업활동 비중(62.9%)은 공식 부문과 비공식 부문에 동시에 참여한 사람들(57.2%)보다 높았다. 경작 또는 축산 이외의 부업활동 중 가장 많은 응답자들이 참여한 활동은 되거리 장사(57%), 밀매업(12.7%), 음식 장사(11.8%)의 순이다. 비공식 경제활동으로 장사를 하는 경우 그 규모는 혼자(41%)나 2명(44%)이 대다수를 차지하며, 2인 이상의 규모인 경우에는 가족(43%), 친지 또는 친구(44%) 등과 함께한 경우가 다수이므로 이를 통해 대부분의 장사활동이 매우 영세함을 알 수 있다.

2009년 탈북자 조사자료에는 부업과 관련된 여러 질문이 포함되어 있다. 예를 들어, 부업을 갖게 된 주된 이유에 대해 '주업으로는 생계유지가 힘들어서'(58.7%), '돈을 벌어 사업이나 장사 밑천으로 삼으려고'(22.2%)라는 응답이 대다수를 차지하였다. 또한 부업에 종사한 평균 기간은 6.9년이었다. 그리고 장사할 물건을 조달하는 방법은 도매상에서 구입(34%), 다른 소매상에서 구입(17%), 외국에서 수입(16%) 순으로 나타났고, 국영 상점에서 구입한 경우는 1%로 가장 낮았다.

2009년 조사 자료에 따르면 부업으로 직접생산을 하는 경우는 전체 부업종사자 154명 중 53명(34.4%)에 달하였다. 생산 종사자 수에 관한 질문에 관한 응답으로는 혼자서 하는 경우(47.2%)와 2~3명이 함께 하는 경우(22%)가 가장 많았다. 그리고 2명 이상의 사람들과 직접 생산을 하는 경우 함께 참여한 사람들은 대부분 가족(82.8%)이었다. 직접 생산을 한 경우에 원자재는 '도매상에서 구입'하거나(55.6%), '직접생산으로 조달'(22%)한 비중이 가장 높았다. 반면에 '외국에서 수입'하거나 '공장·기업소의 원자재를 절취 또는 구입'하는 경우는 각각 6.7%와 4.4%로 낮은 비중을 나타냈으며, 하청생산에서 납품한다고 응답한 경우는 1명도 없었다.

직접생산으로 만든 제품들은 음식 및 음식가공(35.6%), 술(31.1%), 옷(17.8%), 얼음과자(11.4%), 담배(6.7%)가 대다수를 차지하였다. 개인이 직접 생산하는 것에 대해 느낀 위험의 정도에 대한 설문에서 '위험하지 않았다'는 응답은 23.5%, '전혀 위험하지 않았다'는 응답은 39.2%를 차지함으로써 직접생산을 하는 응답자의 62.7%가 위험을 느끼지 않는 것으로 나타났다. 반면에 술을 제조한 응답자들의 50%가 위험을 느꼈다고 답하여 주조(酒造)가 비교적 위험한 부업으로 간주됨을 시사한다. 그리고 위험을 느낀 사람들의 경우 주된 위험은 '사업의 실패 때문'(15%)이 아니라 '처벌 때문'(55%)이라고 응답하였다. 또 '위험하지 않다'고 답한 사람들이 그렇게 응답한 주된 이유는 '자신 외에도 많은 사람들이 하기 때문'(59.5%)인 것으로 나타났고, '뇌물로 해결할 수 있기 때문'이라고 응답한 이들도 16.2%에 달하였다. 그리고 탈북 수년 전과 탈북 당시를 비교해 볼 때 부업으로 하는 직접생산이 어떻게 변하였는지에 대한 물음에 응답자의 56.6%, 13.2%가 각각 '크게 늘어났다', '약간 늘어났다'고 대답하는 등 다수가 증가한 것으로 답하고 있다.

3. 비공식 경제의 추이와 평가

1) 가계소득 중 비공식 부문의 비중

북한의 시장경제 규모와 추이를 파악하기 위해 먼저 설문조사를 토대로 가계의 시장 부문 소득(시장소득)과 계획 부문 소득을 추계하였다. 시장소득은 뙈기밭에서 생산한 농산물의 시장가치, 가내축산 생산의 시장가치, 그리고 기타 시장경제활동을 통해 벌어들인 소득의 합으로 정의하였다(여기서 시장가치는 응답자들이 평가한 가치를 토대로 하였다). 그리고 계획 부문 소득은 국가연금과 공식 임금, 그리고 협동농장에서 일한 경우 가을분배량의 시장가치를 합한 것이다.

표 2-7은 표본의 수로 가중평균한 비중의 추이를 보여 주고 있다. 총소득에서 시장소득이 차지하는 비중은 전 기간에 걸쳐 약 71%로 나타났다. 1996~2002년의 경우 이 비중은 68.7%였으며, 2003년의 경우 그 비중이 80%로 다른 기간보다 높은 반면, 2006년 이후에는 2003년에 비해 다소 낮아졌다. 즉 북한의 정책 변화가 있은 직후인 2003년과 2006년 이후에는 시장소득의 비중이 약간 변화한 것으로 추론할 수 있다.

시장소득의 비중에 통계적으로 유의미한 차이가 존재하는지 살펴보기 위해 다음과 같이 기간을 달리해서 편측 t검정을 시행하였다. 첫째, 2002년 7·1 조치 이전과 이후에 시장소득 비중의 차이가 있는지 살펴본다. 이를 위해 기간을 1996~2002년과 2003~2007년으로 나누어 검정을 시도한

표 2-7 총소득 중 비공식 부문 소득이 차지하는 비중 (단위: %)

연도	1996	1997	1998	1999	2000	2001	2002	1996~2002	2003	1996~2003	2006	2007	2006~2007
비중	60.5	71.0	69.1	76.2	69.0	66.6	73.3	68.7	80.0	70.0	73.5	74.9	74.6

표 2-8 비공식 소득 비중의 편측 t검정 결과

구분		표본 수	평균	표준편차
(a) 2002년 7·1 조치 전후	1996~2002년(①)	476	68.7	2.1
	2003~2007년(②)	216	76.2	2.8
	전체	692	71.0	1.7
	①의 평균 – ②의 평균		-7.5	1.7
	귀무가설	①=②	대립가설	①<②
			P-값	0.0189
(b) 2005년 정책 변화 전후	1996~2003년(①)	538	70.0	1.9
	2006~2007년(②)	154	74.6	3.4
	전체	692	71.0	1.7
	①의 평균 – ②의 평균		-4.6	4.0
	귀무가설	①=②	대립가설	①<②
			P-값	0.1243

다. 둘째, 2005년 이후의 시장소득 비중이 그전에 비해 차이가 있는지 분석하기 위해 1996~2003년과 2006~2007년의 비중 차이가 통계적으로 유의미한지를 검정한다. 표 2-8은 그 결과를 보여 주고 있다.

표 2-8의 (a)에서 볼 수 있듯이, 7·1 조치 전후로 총소득에서 비공식 소득이 차지하는 비중에 변화가 없었다는 귀무가설은 5%의 유의수준에서 통계적으로 기각되는 것으로 나타나고 있다. 즉 2002년 이후에 총소득 대비 비공식 소득의 비중이 증가하는 경향을 보인다는 것이다. 그러나 (b)를 통해 2005년 정책 변화 후의 시장소득 비중을 보면 2006~2007년의 비공식 소득 비중이 그전 시기에 비해 4.6% 높지만, 이는 통계적으로 유의하지 않음을 알 수 있다. 이는 2003년에 자유화 조치로 비공식 소득이 증가한 후, 2005년 이후에는 시장억제조치로 인해 이전 기간의 평균으로 복귀한 것으로 해석할 수 있음을 시사한다. 그리고 이는 시장에 대한 북한 정부의 관리 능력과 의지가 유효함을 의미하기도 한다.[7]

2) 가계지출 중 시장 부문의 비중

소득 측면에 대한 논의와 유사한 맥락에서 지출 측면에서 시장 부문의 규모를 추정하기 위해 재화의 입수 또는 구입 경로를 기초로 시장경제의 참여율을 계산하였다. 보다 구체적으로 식품류와 기타 재화의 구입경로에서 배급과 국영 상점 이용률을 질문했으며, 100%에서 이 비율을 차감한 값을 시장 부문 지출 비중으로 정의하였다.[8] 표 2-9는 식품 입수에서 시장 부문의 비중 추이를 보여 주고 있다. 식품 입수에서 시장 부문 비중은 전 기간에 걸쳐 약 72% 정도로 나타났다. 시장소득의 비중과 달리 식품 입수에서 시장 부문의 비중은 2002년과 2005년의 개혁 이후에도 지속적으로 증가하고 있는데, 이러한 추이는 표 2-10에서 확인할 수 있다. 즉 2002년과 2005년 전후에도 식품 입수에서 시장 부문의 비중이 1% 유의수준에서 통계적으로 유의하게 나타났다.

식품 이외의 기타 재화 입수에서도 시장 부문의 비중은 식품 입수의 추이와 크게 다르지 않다. 표 2-11에서 알 수 있듯이, 2006~2007년에는 시

표 2-9 식품 입수에서 시장 부문 비중의 추이 (단위: %)

연도	1996	1997	1998	1999	2000	2001	2002	1996~2002	2003	1996~2003	2006	2007	2006~2007
비중	71.3	67.4	60.9	67.0	79.7	67.8	67.3	68.4	78.6	69.3	75.6	78.4	77.8

7 2003년 시장소득의 비중이 증가했으므로 2003년을 제외하고 1996~2002년과 2006~2007년의 비중 차이를 검정했을 때도 이 차이는 통계적으로 유의미하지 않았다(P-값: 0.1131).

8 2009년 탈북자 조사의 경우 재화의 구입경로에 순위를 매겨 이용한 주된 구입경로의 비율을 답하게 한 것으로, 2005년 탈북자 조사와 관련 질문 항목이 다소 다르다. 또한 2009년 탈북자 조사의 경우 수매상점 이용에 대한 항목도 있어, 이를 공식 부문 지출로 포함시켰다.

표 2-10 식품 입수에서 시장 부문 비중의 편측 t검정 결과

구분		표본 수	평균	표준편차
(a) 2002년 7·1 조치 전후	1996~2003년(①)	294	68.4	1.7
	2006~2007년(②)	185	77.9	2.1
	전체	479	72.1	1.3
	①의 평균 - ②의 평균		-9.5	2.7
	귀무가설	①=②	대립가설	①<②
			P-값	0.0003
(b) 2005년 정책 변화 전후	1996~2002년(①)	323	69.3	1.6
	2003~2007년(②)	156	77.8	2.3
	전체	479	72.1	1.3
	①의 평균 - ②의 평균		-8.5	2.8
	귀무가설	①=②	대립가설	①<②
			P-값	0.002

표 2-11 기타 재화 입수에서 시장 부문 비중의 추이 (단위: %)

연도	1996	1997	1998	1999	2000	2001	2002	1996~2002	2003	1996~2003	2006	2007	2006~2007
비중	72.8	68.7	67.4	71.8	78.2	60.5	75.0	69.6	74.0	70.4	80.7	83.8	83.2

장 경로를 통해 기타 재화를 입수하는 비중이 80%를 초과하여 기타 재화에 대한 지출에서 시장 부문의 비중이 증가하고 있음을 알 수 있다. 이는 표 2-12에 있는 t검정 결과를 통해서도 알 수 있다. 즉, 2002년 전후로 기타 재화 입수에서 비공식 부문의 비중이 높다는 가설은 1% 유의수준에서 통계적으로 유의하게 나타나고 있다. 특히 식품보다는 기타 재화를 시장 경로를 통해 취득하는 비중이 상대적으로 더 높은 것으로 나타났다. 이는 식품의 경우 쌀과 잡곡 등의 배급이 일정 지역과 계층에는 여전히 이루어지고 있기 때문인 것으로 풀이된다.[9]

표 2-12 기타 재화 입수에서 시장 부문 비중의 편측 t검정 결과

구분	표본 수	평균	표준편차
1996~2002년(①)	191	70.0	2.2
2003~2007년(②)	178	82.2	1.9
전체	369	75.9	1.5
①의 평균 – ②의 평균		-12.2	2.9
귀무가설	① = ②	대립가설	①<②
		P-값	0.00

은행 거래에 관한 2009년 설문조사에서 은행 거래 경험이 있다고 응답한 탈북자는 전체의 3.8%에 불과하여 북한 주민의 은행 이용률이 매우 낮음을 시사하고 있다. 반면에 고리대금업자로부터 돈을 빌린 경험이 있는 사람들은 전체의 18%를 차지하였다.[10] 이는 소비재의 구입뿐만 아니라 금융제도의 측면에서도 공식 기관보다 시장적 경로가 선호되고 있음을 시사한다.[11]

요약하면, 가계의 소득과 지출 가운데 2003년 이후 비공식 부문의 비중은 1996~2002년에 비해 증가했으며 이는 통계적으로 유의한 것으로 나타났다. 이는 북한 경제의 시장화가 더욱 진전되고 있음을 시사하는 대목

9 2009년 탈북자 설문조사에 따르면, 응답자의 71.3%(크게 39.5%, 약간 31.8%)가 배급받은 식료품이 돈을 주고 구입한 식료품에 비해 품질이 낮은 것으로 인식하고 있었다. 그리고 다른 소비재의 경우도 배급품이 돈을 주고 구입한 소비재보다 품질이 나쁜 것으로 인식하는 경우가 응답자의 다수를 차지하였다. 즉 74.4%(크게 42.8%, 약간 31.6%)의 응답자들이 배급품의 품질이 더 열악한 것으로 답하였다.

10 반면에 인민생활 공채를 구입한 적이 있는 응답자는 46.2%나 되었다. 빈도의 경우 한 번 구입한 것으로 답한 사람들이 66.3%를 차지했으며, 빈번하게 구입한 것으로 응답한 경우도 10%에 달하였다. 이는 정부가 재정수입을 늘리기 위해 공채 구입을 독려했기 때문으로 풀이된다.

11 북한뿐만 아니라 다른 사회주의 가계들도 은행으로부터 대출을 받을 가능성은 매우 제한되어 있었기 때문에 계 등 각종 비공식 제도를 통해 자금수요를 충당하기도 했다.

이다. 특히 소득에 비해 지출에서 비공식 부문의 비중 증가가 더욱 두드러진다. 그러나 1996~2003년과 2005년 이후의 시장소득 비중의 차이는 통계적으로 유의하지 않은 것으로 나타났다. 그리고 2002~2003년과 2006~2007년의 시장소득 비중도 차이가 거의 없는 것으로 추정되었다. 이 결과는 2005년 이후 시장을 억제하려고 시도한 북한 당국의 정책이 어느 정도 효과가 있었던 것으로 해석할 수 있다.

4. 계획경제와 시장경제의 관계

계획 부문 경제(계획경제)와 시장 부문 경제(시장경제)는 여러 부문에서 복잡하게 얽혀 있을 가능성이 있다. 첫째, 투입 측면에서의 관계이다. 노동, 자본, 원자재와 부품 등은 계획경제뿐만 아니라 시장경제(비공식 경제)에도 생산요소로 필요하기 때문에 이 두 부문은 노동과 자본을 대상으로 경쟁관계에 있을 수 있다. 예를 들어 시장경제활동에 종사하는 개인들은 정규직장에서 더 적게 일할 가능성이 있다. 이 경우 시장경제활동이 증가할수록 기업소에 노동공급이 줄게 되어 계획 부문의 생산량은 감소할 것이다. 혹은 기업소가 시장에서 노동과 자본, 원자재와 부품을 조달할 가능성도 존재한다. 이 경우는 시장경제가 계획경제의 보완 역할을 하는 것으로 간주할 수 있다. 즉 시장경제가 계획경제를 위축시키는 것이 아니라 오히려 보완·강화시키는 효과가 있지만, 이는 동시에 계획경제가 시장경제에 의존하는 정도를 높이는 결과를 초래한다. 그러나 당경제, 군경제 등의 요구를 제외하고 정규 기업이 비공식적으로 노동력을 시장에서 구매하여 활용하는 것은 매우 예외적 현상으로 판단된다. 따라서 투입의 측면에서는 정규 기업이 자본을 시장에서 조달하거나 시장에서 차입할 가능성, 원자재를 시장에서 구입하는 정도, 그리고 기업 노동력을 시장에 방출하는 문제가 중요한 분석 대상이다.

둘째, 산출 측면에서의 관계이다. 시장의 존재로 말미암아 정규 기업은 산출물을 계획에 의해서 납품할 뿐만 아니라 시장에서 판매할 가능성이 생긴다. 특히 시장가격은 계획가격보다 높은 것이 일반적이어서 기업은 시장판매를 통해 이윤을 증가시킬 수 있다. 이윤의 증가는 기업의 생산 활동을 자극할 뿐만 아니라 기업이 국가에 납부하는 조세를 통해 정부의 경제통제력을 증가시킬 수 있다. 따라서 생산품의 시장판매는 시장의존적 사회주의 계획경제의 형성과 발전으로 이어진다. 즉 정부의 경제통제력이 유지되고 공식 부문에서 생산이 이루어지기 위해서 시장이 필요하게 된 것이다.

먼저 공식 부문에서의 변화를 살펴보기 위해 개별 기업소의 자율권 증가에 관한 설문 내용을 중심으로 분석한다. '과거에 비해 기업소나 협동농장의 자율권이 증가했는가?'라는 질문에 긍정적인 답변(약간 그렇다: 31%, 매우 그렇다: 8%)보다는 부정적인 답변(전혀 그렇지 않다: 24%, 별로 그렇지 않다: 18%)의 비중이 근소하게 높았다. 이는 자율권 증가가 획기적으로 진행되지 않았거나, 모든 기업에 걸쳐 동시에 진행된 것이 아님을 시사한다. 또한 기업에 대한 국가의 통제 정도가 여전히 높다는 사실을 의미한다.

자율권이 증가한 것으로 응답한 사람들을 대상으로 자율권이 가장 많이 증가한 부문과 그 다음으로 많이 증가한 부문을 보기에서 선택하게 한 결과는 그림 2-1과 같다. 이 그림을 통해 알 수 있듯이 기업 자체가 스스로 계획하는 목표가 더 중요해졌다는 점에서 자율권이 증가했다는 응답이 가장 많았다. 다음으로는 '원자재 등을 시장에서 구입하는 것이 보다 자유로워졌다'는 응답의 비중이 높았으며, '생산한 제품의 처분권 강화와 기업 간 현금 거래의 증가'가 그 다음 순으로 나타났다. 특히 원자재의 시장 구입과 생산한 제품의 시장판매 가능성, 그리고 기업 간 현금거래의 증가는 기업들이 계획보다 시장에 더욱 의존하는 방향으로 변화하고 있음을 시사

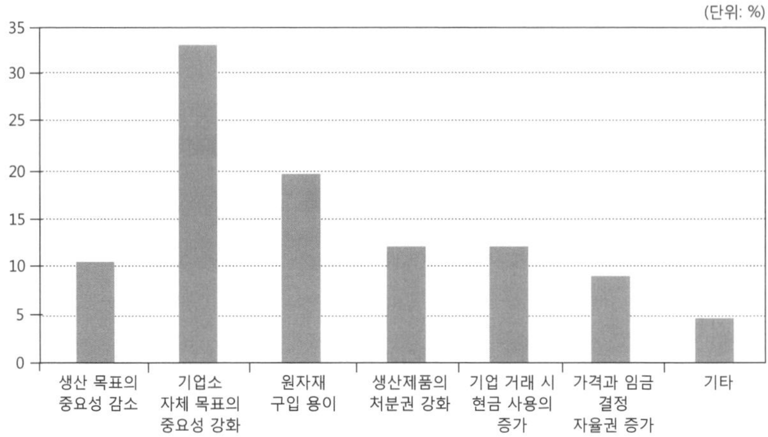

그림 2-1 기업의 자율권이 증가한 부문

한다.

'기업소가 생산물이나 자재를 시장에 직접 매각하는 방법으로 돈벌이를 하는 것이 응답자의 직장에서 얼마나 중시되었는가?'라는 질문에 응답자의 31%가 '국가계획을 달성한 조건에서 중요시되었다'고 답했으며, '국가계획의 달성보다 우선시되었다'고 답한 경우도 26%로 상당히 높았다. 그러나 '별로 중요하지 않았다'와 '이런 행위 자체가 없었다'로 대답한 경우도 각각 22%와 18%를 차지하였다.

투입 측면에서 기업들이 시장에 의존하는 정도를 살펴보기 위해 ① 공식 직장에서의 노동시간 변화, ② 직장에서 필요한 자재와 물품의 조달방식, ③ 시장에서 기업소 운영에 필요한 자금을 조달하는 가능성과 정도라는 세 가지 자료를 이용한다.

계획 부문에서 노동공급량의 변화는 북한의 비공식화 가설을 검증하는 중요한 대상이 된다. 만약 정규직의 노동시간이 시장경제활동으로 인해 감소한다면 시장 부문 경제는 계획 부문 경제를 대체하는 경향이 있을 뿐만 아니라 시장경제가 커질수록 계획경제활동은 감소할 수 있음을 의미하

표 2-13 계획 부문에서의 주간 평균 실질노동시간 추이 (단위: 시간)

연도	1996	1997	1998	1999	2000	2001	2002	1996~2002	2003	1996~2003	2006	2007	2006~2007
비중	49.3	48.8	49.7	49.1	45.8	53.5	52.2	49.6	46.2	49.2	38.9	45.3	44.3

표 2-14 계획 부문에서의 주간 평균 실질노동시간의 편측 t검정 결과

구분		표본 수	평균	표준편차
(a) 2002년 7·1 조치 전후	1996~2002년(①)	269	49.6	0.7
	2003~2007년(②)	121	44.8	1.3
	전체	390	48.1	0.7
	①의 평균 – ②의 평균		4.8	1.4
	귀무가설	①=②	대립가설	①>②
			P-값	0.0003
(b) 2002년 7·1 조치 전후 (2006년 제외)	1996~2002년(①)	269	49.6	0.7
	2003, 2007년(②)	107	45.5	1.4
	전체	376	48.4	0.7
	①의 평균 – ②의 평균		4.1	1.4
	귀무가설	①=②	대립가설	①>②
			P-값	0.0024

기 때문이다. 표 2-13은 계획 부문의 주간 평균 노동시간 추이를 나타낸다.[12] 이 표는 2002년 7·1 조치 이후로 계획 부문의 노동시간이 감소하고 있음을 시사한다. 특히 2005년의 정책 변화에도 불구하고 계획 부문의 노동시간 감소 추이는 여전히 지속되고 있는 것으로 보인다. 특히 표 2-14에서 볼 수 있듯이, t검정 결과에서도 2002년 조치 이후에 주간 평균 4.8

12 2005년 설문조사에서는 계획 부문에서의 주간 평균 노동시간에 대한 항목이 존재하지만, 2009년 설문조사에서는 이 항목이 범주화되어 있어 각 구간의 평균값을 사용하여 2005년 설문조사와 연결하였다.

시간이 1% 유의수준에서 유의미하게 감소했음을 알 수 있다. 특히 2006년을 제외하고 2002년 이후와 이전을 비교한 (b)의 결과에서도 노동시간의 차이는 통계적으로 유의미한 것으로 검정되었다.

2009년 설문조사에 따르면 공식 직장에서의 노동시간에도 변화가 생겼다. 직장에서 일주일 동안 원칙적으로 일하게 되어 있는 노동시간의 가중평균은 45시간 이상이었지만,[13] 실제로 일주일 동안 일한 가중 평균시간은 39시간가량으로[14] 이보다 적었다. 그리고 다른 질문에서 개별 응답자들이 원칙적으로 일해야 하는 시간보다 실제로 일한 시간이 적다고 대답한 경우가 41%, 비슷한 것으로 응답한 경우가 48%, 더 많이 일한 것으로 답변한 경우는 11%였다. 그리고 실제 노동시간이 원칙적으로 일해야 하는 시간보다 적은 이유로는 '직장에는 규정대로 출퇴근했으나 일감이 적었다'(52.8%), '8 · 3 자금을 바치고 다른 일을 하였다'(35.7%)의 순으로 답하였다.

직장에서 필요한 자재와 물품 조달 경로의 우선순위에 대한 질문에서 '국가계획에 의해 조달했다'는 응답이 제일 많았으며, 이어서 '시장에서 구입', '지배인이 개인적 연줄로 조달', '근로자들이 갹출하거나 스스로 조달' 순으로 나타났다. 중복 응답을 허용한 보기에서는 국가계획에 의해 조달, 시장에서 구입, 지배인이 개인적 연줄로 조달, 그리고 근로자들이 갹출하거나 스스로 조달한 비중은 각각 52.3%, 42.1%, 27.3%, 23.9%를 차지하였다. 그리고 직장에서 사용한 자재와 물품 가운데 국가계획에 따라 조달된 자재와 물품의 비중에 대한 응답을 가중평균을 내면, 조달 비율은 기껏해야 47%인 것으로 나타난다.[15] 조사 결과 전체 응답자의 8.9%만이 공장

---

13 60시간 이상을 제외하고는 보기의 구간의 중간값과 그 보기를 택한 응답자의 비중을 곱하여 가중평균을 계산하였다(60*0.25+50*0.23+40*0.39+30*0.05+20*0.07=45).

14 각주 13과 동일한 방법으로 계산하였다(60*0.21+50*0.17+40*0.25+30*0.10+20*0.26=39.3).

이나 기업소의 운영자금을 위해서 고리대금을 빌린다고 응답하여, 기업들이 기업소 운영을 위하여 고리대를 이용하는 경우는 드문 것으로 나타났다.[16]

산출의 측면에서 기업들이 시장에 생산물을 판매하는 정도를 평가해 볼 수 있다. 다니던 직장에서 생산된 생산물 중 국가계획에 따라 처분한 비중을 물어보았을 때 중복 응답을 허용했을 경우 64.6%에 해당하는 응답자들이 '국가계획에 따른다'고 응답하였다. 그리고 25.3%와 22.8%에 해당하는 응답자들이 각각 지배인들이 개인적 연줄로 처분하거나 시장에서 매각한다고 응답하였다. 또 종업원들에게 임금 대신 지급한다고 응답한 비중도 10%에 달하였다. 생산물을 국가계획에 따라 처분하는 비중에 대한 답변을 토대로 가중 평균을 계산하면 최대 60%로서, 조달 측면보다 처분 측면에서 국가의 비중이 높음을 알 수 있다.[17]

마지막으로 8·3 노동자에 관한 질문에서 응답자의 61%가 자신의 직장에 8·3 노동자가 있었다고 답하였다. 그리고 전체 근로자 대비 8·3 노동자의 수를 물었을 때의 응답을 기초로 한 기업당 총노동자 수 대비 8·3 노동자의 평균 비중을 계산하면 최소 20.3% 정도로 추산되었다.[18] 8·3노동자가 바치는 돈은 평균적으로 월급의 9.2배에 달하는 것으로 추정되었다. 즉 탈북자들이 공식 직장에서 받는 월평균 임금인 2,500원의 9.2배에 달하는 23,000원을 8·3 노동자가 직장에 납부하는 것이다. 이는 한 기업에서 평

---

15 20% 미만, 20~40%, 40~60%, 60~80%, 80% 이상에 대한 응답에 기초하여 각 구간의 최대치에 응답자의 비중을 곱하여 계산한 수치이다.

16 가장 높은 비중을 차지한 응답은 개인사업비용의 융통이었으며 그 다음으로 생계곤란의 순이었다.

17 주 15에 제시된 바와 동일하게 계산되었다.

18 보기는 5% 미만, 5~10%, 10~20%, 20~30%, 30~40%, 40~50%, 50~60%, 60% 이상이었으며, 각 구간의 가장 낮은 수와 각 구간의 응답 비중을 곱한 다음 이 숫자에 61%를 곱하여 계산하였다.

균 12%[19]의 노동자가 8·3 노동자이고 그들이 평균 23,000원을 기업에 납부한다면 이는 다른 79.7%의 노동자들에게 1인당 2,500원씩 지급하는 총 임금의 2.34배에 달하는 것이다. 즉 8·3 노동자에게 납부 받은 돈을 다른 근로자들에게 지급하면 정규 임금을 충분히 지급하고도 훨씬 많이 남는다는 의미이다.

2002년 이후 계획 부문에서의 노동시간 감소는 북한 경제의 계획 부문이 시장경제활동에 의해 위축되고 있음을 시사한다.[20] 즉 계획 부문과 시장 부문이 노동시간을 둘러싸고 경쟁관계에 놓이면서 시장 부문이 계획 부문의 생산활동을 축소시킬 가능성이 존재하는 것이다. 또한 계획 부문은 투입과 생산물 처분의 측면에서 시장에 일정 정도 의존해 있는 것으로 평가된다. 여전히 투입과 생산물의 처분에 있어 계획의 중요성이 더 크지만 시장을 통한 원자재 구입과 시장에서의 생산물 판매 비중도 꽤 높은 것으로 추산된다. 특히 8·3 노동자는 기업의 현금 수입의 주된 원천으로 판단된다. 따라서 북한 경제의 계획 부문은 시장과 경쟁하는 동시에 시장에 의존적이며, 그 유지를 위해 시장을 필요로 한다. 만약 현재의 상태에서 시장이 없어진다면 기업 수입은 감소하고 기업 스스로 원자재를 조달하는 것도 어려워질 것이다. 따라서 계획에 의거한 정부의 재정으로 기업들에게 필요한 자금과 원자재를 제공하여 계획 부문의 생산량이 증가하지 않는다면 '시장이 없는 북한 경제'는 더 혹독한 경제위기에 직면할 가능성이 높다.

---

19 직장에 8·3 노동자가 있다고 응답한 비중 × 8·3 노동자가 있는 기업소에서의 전체 노동자 대비 8·3 노동자의 비중.

20 보다 정확한 분석을 위해서는 김병연·송동호(Kim and Song, 2008)의 연구에서와 같이 계획 부문에서의 노동시간을 종속변수로, 시장경제활동 참여를 독립변수로 포함하여 추정하는 다중회귀분석이 요구된다.

5. 시장에 대한 통제능력: 뇌물의 변화

부패는 경제성장뿐만 아니라 정권의 안정성도 저해하는 것으로 알려져 있다(Shliefer and Vishny, 1993). 부패는 거래비용을 증가시키고 자원의 효율적 배분을 왜곡시켜 생산활동에 악영향을 미치기 때문이다. 그리고 독재정권이 부분적 자유화를 추구하면 독재자 한 사람의 부패로부터 부패할 수 있는 모든 자들의 부패, 즉 다수의 부패 상태가 초래되어 경제위기와 정권붕괴가 일어날 수도 있다. 또한 부패에도 '충성스러운 부패(loyal corruption)'와 '충성스럽지 않은 부패(disloyal corruption)'가 있다. 후자는 전자와 달리 독재자 혹은 정권의 이익과 부패한 관리의 이익이 일치하지 않는 상태를 의미한다(Harrison and Kim, 2006). 따라서 독재 권력이 부분적인 자유화를 추구하면 부패가 증가하고 그 성격도 충성스럽지 못한 부패로 전환되어 정권의 안정성이 저해될 가능성이 있다.

현재 북한 정권이 정치적 측면에서 부분적 자유화를 시행한 증거는 없다. 그리고 북한의 정치적 통제능력은 여전히 견고한 것으로 판단된다. 그러나 권력기관과 정부 관리들의 뇌물수입이 상당한 정도에 달하고 그 뇌물이 시장활동과 연관되어 있다면 뇌물을 받는 관료들의 인센티브는 불법적 시장활동을 묵인하는 방향으로 전개될 것이다. 이는 최고권력자와 중하위 관료 사이의 인센티브의 불일치를 초래해 경제에 대한 정치적 통제능력을 감소시킬 수 있다.

북한에서의 뇌물 수수 정도와 그 추이를 이해하기 위해 1996~2007년 동안 전체 가계지출 가운데 뇌물이 차지하는 비중을 계산하였다.[21] 표 2-15에

---

21 2005년 설문조사에서는 직접적으로 지출에서 차지하는 뇌물 비중이 조사되었지만, 2009년의 경우 연간 뇌물액을 조사했기 때문에, 여기에서는 연간 총지출(연간 소비재 구입+연간 기타 지출 내역+연간 국가납부금+월간 의식주 비용×12+뇌물)에서의 뇌물액 비중을 구하여 사용하였다.

표 2-15 가계지출 중 뇌물 비중의 추이 (단위: %)

연도	1996	1997	1998	1999	2000	2001	2002	1996~2002	2003	1996~2003	2006	2007	2006~2007
비중	8.8	10.7	9.2	7.6	5.2	9.3	8.7	8.9	10.0	9.1	10.1	9.9	10.0

표 2-16 가계지출 중 뇌물 비중의 편측 t검정 결과

구분	표본 수	평균	표준편차
1996~2002년(①)	224	8.9	0.7
2003~2007년(②)	198	10.0	1.4
전체	422	9.4	0.8
①의 평균 – ②의 평균		–1.1	1.5
귀무가설	①=②	대립가설	①<②
		P-값	0.2472

서 나타난 가계지출 중 뇌물의 비중은 비교적 안정적인 추이를 보인다. 이런 추이는 표 2-16의 t검정 결과에서도 뚜렷하게 나타난다. 즉, 2002년 이후가 이전보다 뇌물 비중이 1% 정도 높기는 하지만 이는 통계적으로 유의하지 않다.

구소련 시기와 비교하면 북한의 뇌물수수 정도가 훨씬 높은 것으로 평가된다. 김병연(Kim, 2003)에 따르면 1980년대의 소련에서 뇌물수수 등을 포함하는 지대추구가 GDP에서 차지하는 비중은 1969년에 1.4%, 1980년대에 약 2%, 그리고 1990년에 2.2%로 추정되었다. 가계소비가 북한 GDP에서 차지하는 비중이 약 70%라고 가정하면, 전체 지출에서 뇌물이 차지하는 비중인 9~10%는 북한 GDP의 6~7%에 해당하는 수치이다. 즉 북한의 뇌물수수 행위는 소련 경제의 붕괴 직전인 1980년대 말에 비해 3~4배가량 더 높다. 이렇게 높은 수준의 뇌물수수는 정책의 효율성을 저하시키고 최고권력자와 중하위 관료 사이의 이해관계에 균열이 생길 가능성을

표 2-17 뇌물을 주는 이유

뇌물을 주는 이유	빈도수	비중(%)
승진을 위해서	60	13.0
불법인 장사나 사업을 계속 하려고	147	31.7
새로운 장사나 사업을 하려고	54	11.7
처벌을 받지 않기 위해서	134	28.9
출근을 하지 않으려고	64	13.8
기타	4	0.9
전체	463	100.0

암시하고 있다.

탈북 당시 뇌물수수 행위가 광범하게 퍼져 있었는지를 묻는 질문 중 장사를 위해서 뇌물을 준 적이 있느냐는 질문에 54.7%가 '매우 그렇다', 43.0%가 '그렇다'고 응답하여 전체 응답자 중 97.7%라는 절대 다수가 북한에 뇌물수수 행위가 만연하고 있음을 지적하였다. 그리고 본인이 한 차례 이상 뇌물을 준 적이 있는 것으로 응답한 경우도 73%에 달했다. 특히 부정기적으로 주거나(38%), 정기적으로 주는 경우(25%)가 매우 높아서, 뇌물의 빈도도 높은 것으로 나타나고 있다. 뇌물을 받는 대상으로는 보안원의 비중(72%)이 가장 높았고, 그 뒤를 이어서 보위부 관리(37%), 공장 혹은 협동농장의 지배인(19%) 순이었다. 뇌물을 주는 사람은 주로 국내에서 장사에 종사하는 상인(72.1%), 무역업을 하는 상인(42.6%), 공장근로자 혹은 협동농장원(31.6%)이 그 뒤를 이었다.

뇌물을 주는 이유로는 '불법인 장사나 사업을 계속 하려고'(31.7%), '처벌을 받지 않기 위해서'(28.9%), '출근을 하지 않으려고'(13.8%), '승진을 위해서'(13.0%), '새로운 장사나 사업을 하려고'(11.7%) 등의 이유를 들었다.[22]

---

22 보기에 중복 응답을 허용하였고 중복을 허용한 빈도수를 총빈도수로 나누어서 표

이와 같이 뇌물을 주는 주된 이유는 시장활동과 연관된 것이었다. 반면 계획경제 부문을 직접적으로 강화하는 응답인 '승진을 위해서'는 13%로 빈도가 비교적 낮았다.

6. 요약 및 결론

이 연구의 주된 목적은 북한 경제의 비공식화 현상의 분석, 보다 구체적으로 북한 경제의 비공식화 가설을 평가하는 것이다. 이를 위하여 이 연구는 2007~2008년 북한을 탈출하여 남한에 정착한 약 200명의 탈북자들을 대상으로 2009년 설문조사를 실시하였으며 그 결과와 2004~2005년 약 700명의 탈북자들을 대상으로 한 설문조사 결과를 결합하여 사용하였다. 이 설문조사들은 탈북자들의 탈북 1년 전 북한에서의 경제생활, 즉 소득 및 지출 구조, 노동, 시장경제활동에 초점을 맞추어 진행되었다.

북한에서의 비공식 경제 혹은 시장 부문의 확대가 북한 사회주의 경제에 주는 영향을 평가하기 위해서 다음의 세 가지 측면에 주목하였다.

첫째, 비공식 경제의 양적 확대가 일어나고 있는지 살펴보았다. 이를 위해서 가계의 전체 소득과 지출 중 비공식 소득과 지출의 비중을 추정했으며 이 비중이 1996~2002년, 2003~2007년 혹은 1996~2003년, 2006~2007년 사이에 유의한 차이가 있는지를 검정하였다.

둘째, 계획경제와 시장 부문의 관계를 경쟁과 의존 관계에 초점을 맞추어 분석하였다. 즉 계획경제에 투입되는 노동시간이 2002년을 기점으로 해서 감소하는지를 살펴보았으며, 계획경제의 투입과 생산물의 처분에 있어 시장에 의존하는 정도를 평가하였다.

2-17에 나타난 비중을 계산하였다.

셋째, 북한 당국의 시장통제능력을 뇌물을 통하여 분석하였다. 가계 지출 중 뇌물 지출의 비중과 그 추이를 살펴봄으로써 북한의 시장에 대한 정치적 통제능력이 얼마나 훼손되었으며 그 정도가 더 심각해졌는지를 판단하는 내용이다.

북한 경제의 비공식화 정도는 사회주의 역사상 유례를 찾아보기 힘들 만큼 높은 것으로 나타났다. 응답자의 76.0%가 비공식 경제활동에 참여하였다고 답한 반면, 정규직을 가진 비중은 전체 응답자의 52.7%에 불과하였다. 그리고 비공식 경제활동 등에서 벌어들인 소득은 전체 소득의 60~80%에 달하였다. 따라서 가계 수입의 주된 원천은 계획경제에서의 정규 임금이 아니라 시장을 중심으로 한 비공식 경제활동에서 취득한 소득이었다. 또한 식료품 지출에서 배급과 국영 상점 지출을 제외한 시장지출이 전체 지출에서 차지하는 비중도 60~84%에 달해 소득과 지출, 경제참여율 등 모든 지표에서 시장경제활동이 계획경제활동을 압도하였다.

가계의 비공식 소득과 지출 측면에서 살펴보았을 때 북한의 전체 경제에서 비공식 경제가 차지하는 비중은 2002년을 기점으로 증가하는 경향을 보였다. 즉 비공식 소득의 비중은 1996~2002년에는 68.2%였으나 2006~2007년에는 74.6%로 증가했으며 식료품에 대한 시장지출도 68.5%에서 77.8%로 증가하였다. 비식료품에 대한 시장에서의 지출 비중의 증가는 더욱 뚜렷하여 동 기간 69.6%에서 83.2%로 증가하였다. 이는 북한의 비공식화가 적어도 유통 부문에서는 더욱 심화되는 추세에 있음을 암시한다. 그러나 2005년 이전과 이후를 나누어서 평가했을 때 비공식 소득의 비중 차이는 통계적으로 유의하지 않았으며, 이는 2005년 이후 북한 당국의 시장활동 억압정책이 시장활동을 축소시키지는 못했지만 적어도 더 증가하는 것은 막을 수 있었음을 암시한다. 즉 현재의 북한 상황에서 자기확대적 속성을 지닌 시장활동과 이를 억압하려는 비교적 강력한 정부의 정책 의지가 충돌한다면 정부는 시장활동을 없애거나 줄이기는 어렵지만 현재 수준에서 막을 수는 있음을 시사한다. 더욱이 가계소득 면에서는 비공식 소득이 높은 비중을 차지하더라도 북한의 시장경제는 생산 중심이 아니라 유통 중심이며 시장경제에서 만들어지는 생산품도 음식 및 음식가공, 술, 옷, 얼음과자 같은 단순 가공품들이어서 GDP 혹은 경제 전체의 부가가치 측면에서의 기여는 제한적일 것으로 평가된다.

공식 계획경제와 비공식 경제의 관계 측면에서 분석했을 때 계획경제가 시장경제에 의해 침식되는 동시에 보완된다는 증거도 존재한다. 정규 직장에서의 주당 노동시간은 1996~2002년의 평균 49.3시간에서 2006~2007년에는 평균 44.3시간으로 감소하였다. 이는 2006~2007년 동안 시장소득이나 지출의 비중 증가와 연관시켜 볼 때 시장경제활동이 증가함에 따라 계획경제에서의 노동량이 감소한 것으로 해석할 수도 있다. 이러한 현상은 계획경제의 생산활동을 위축시키는 결과를 초래할 것이다. 그러나 다른 한편으로 기업들은 시장을 생산활동에 이용하기도 한다. 설문조사 결과에 따르면 원자재나 부품의 공급, 그리고 생산물의 처분에 있어 여전히 계획의 영역이 상대적으로 가장 큰 것으로 평가된다. 즉 2009년 설문조사 결과에 따르면 원자재나 부품의 최대 47%가 계획에 의해 조달되고 있으며, 생산물의 최대 60%가 계획에 의해 수요처에 공급된다. 그러나 그 이외에 시장에서 원자재나 부품을 구입하며 생산물을 시장에 판매하는 비중도 중복 응답을 허용했을 경우 각각 응답자의 42.1%, 22.8%에 달하는 것으로 나타났다. 특히 설문조사 결과를 토대로 산출한 기업 내 8·3 노동자의 비중은 전체 근로자의 12%에 달하며, 이들이 평균적으로 기업에 납부하는 금액은 정규 임금의 9.2배에 달하는 23,000원이다. 즉 8·3 노동자에게서 납부금을 받아 기업의 다른 근로자들에게 임금을 지급하면 그 수요를 채우고도 남는 셈이다. 이와 같이 북한의 공식 경제는 시장활동에 상당 정도 의존되어 있다. 계획경제가 부분적이나마 작동되는 이유 중 하나도 시장에서 수취하는 수입이 기업에서 정부 재정으로 흘러들어가기 때문일 것이다.

국가의 시장통제능력을 평가하기 위해 가계지출 중 뇌물 비중을 추정한 결과에 따르면 가계지출 중 뇌물 비중은 1996~2002년 동안 9%였으나 2006~2007년에는 10%로 증가한 것으로 나타났다. 그러나 그 차이는 통계적으로 유의하지 않았다. 이 결과는 뇌물수수 행위가 최근 들어 급증했다기보다 1990년대 중반 이후 대단히 높은 수준을 계속 유지하고 있음을 시사한다. 그러나 이와 같은 부패 수준은 부패가 심했던 구소련 말기에 비해서도 3~4배가량 더 높은 수준이다. 이는 권력자의 정책 의지와 중하위 관료들의 인센티브가 불일치할 가능성을 제시하는 것으로서, 시장에 대한 국가의 통제능력이 일정 정도 훼손되었음을 암시한다. 그러나 북한은 구소련과 달리 정치적으로 부분적 자유화를 시도하지 않은 엄격한 독재체제임과 동시에 기업과 주민들, 그리고 관료들을 감시하고 처벌하는 기제가 비교적 엄격히 유지되는 국가임에 비추어 볼 때 뇌물수수 비중이 높다는 것만으로 북한이 밑으로부터의 해체에 돌입했다고 결론짓기는 어려울 것이다.

이상과 같이 북한의 시장화 정도와 그 추이, 그리고 계획경제와의 관계를 살펴볼 때 다음과 같은 결론을 내릴 수 있다.

첫째, 북한의 비공식 경제 규모는 매우 크고 확대되는 경향을 보이고 있으며, 계획경제와 밀접히 관련됨에 따라 북한 정부가 시장을 축소하거나 철폐하는 것에는 대단한 비용이 따를 것이다. 시장이 축소되거나 없어지면 주민의 생계유지는 물론 기업들의 생산활동이 위축되고, 나아가서는 계획경제도 일정 부분 타격을 받을 가능성이 높다. 또한 시장에서 활동 중인 주민들뿐만 아니라 중하급 관료의 암묵적 반발과 사보타지를 초래할 수도 있다. 따라서 북한 경제의 시장화는 불가역적이지는 않으나 현재보다 크게 축소하거나 철폐하기는 어려울 것으로 전망된다. 2005년 이후 정부의 시장 단속에도 불구하고 시장지출의 비중이 증가하고 계획 부문의 노동시간이 유의하게 감소했다는 사실은 이를 뒷받침하는 증거로 볼 수 있다.

둘째, 뇌물의 급증으로 인하여 북한 정권의 시장통제능력은 일정 부분 훼손되었으나, 독재권력과 그것을 뒷받침하는 정치·행정 체제의 견고성을 고려할 때 최고권력자가 시장을 반대한다면 시장화의 진전을 상당 기간 막을 수는 있을 것으로 보인다. 2005년 이후 시장소득의 증가가 통계적으로 유의하지 않다는 발견이 이를 지지하는 것으로 해석될 수 있다.

북한에서 시장과 정부의 관계는 내리막길에서 차가 앞으로 나가려는 동력과 이를 제지하여 브레이크를 밟고 있는 상황으로 비유될 수 있다. 브레이크는 차가 앞으로 움직이는 것을 막을 수는 있지만 차를 후진시킬 수는 없다. 그리고 브레이크를 강하게 밟지 않는다면 차는 조금씩이라도 앞으로 나아갈 것이다. 2005년 이후부터 현재까지 북한의 상황은 시장과 정부의 대립이자 암묵적 균형으로 볼 수도 있다. 주민들이 생계를 유지하고 경제를 어느 정도라도 가동시키기 위해서는 시장이 필요하지만, 시장의 자체 추동력을 체제의 위협으로 간주하는 북한 정권이 그 추동력에 강력한 브레이크를 밟고 있는 상태인 것이다. 이 상태가 얼마간 계속될지 예측하기는 어렵지만 아주 장기간 지속되기는 어렵다. 강력한 두 힘이 충돌할 때 약간의 충격이 가해지면 그 균형이 한쪽으로 급속하게 기울 수 있기 때문이다.

2009년 말에 실시한 북한의 화폐개혁은 의도적이든, 결과적으로든 시장을 축소하는 방향으로 충격을 준 것이다. 특히 2005년 이후 여러 시장 단속과 억압 정책에 비해 훨씬 강도 높은 정책 충격이다. 그러나 북한 계획경제의 시장의존성을 고려할 때 계획경제가 더욱 위축되고 주민들의 생계유지가 크게 어려워지면 시장으로 향하는 관성이 다시 강해질 것이다. 또 그런 과정을 통하여 북한 주민과 정책결정자들은 시장의 힘을 재평가하게 될 것이다. 시장의 강도가 높아지고 그에 대응하는 정부의 정책 강도도 세지면서 시장과 정권의 대결이 제2, 제3의 라운드로 이어질 수 있다.

당분간은 시장과 정부 통제 사이의 힘겨루기가 예상되지만 그 밀고 당기는 진폭이 증가하면서 내부의 폭발력은 더욱 거세질 것이다. 이 같은 큰 폭의 진동이 정권 교체와 맞물리면서 강력하게 폭발할 가능성도 배제할 수 없다.

제3장

북한의 **시장화 억제 정책**의 성과, 한계, 파급효과: 2007~2009년

1. 서론

북한 경제의 현주소를 진단하고 미래상을 전망함에 있어서 핵심 요소의 하나가 '시장화(marketization)'이다. 실제로 7·1 조치 이후 학계에서는 이 조치의 성격을 둘러싸고 토론이 활발하게 전개되었는데, 주된 논점은 시장지향적 개혁이냐, 계획경제의 정상화냐 하는 문제였다. 그런데 2003년 종합시장이 등장한 이후 논의의 지평은 다소 변화하여 계획경제의 정상화론보다는 시장지향적 개혁론이 약간 우세를 보이게 되었다. 다만 전자의 논자들은 시장지향적 개혁이라고 하더라도 이는 일시적·잠정적이라는 식으로 주장하면서 새로운 논점을 형성하게 되었다. 아울러 7·1 조치가 등장한 지 3~4년이 지난 시점부터는 개혁의 전개 과정, 개혁의 성과와 부작용 등으로 논의의 초점이 옮겨 가게 되었다. 나름대로의 연구성과가 양적으로 확대되고, 특히 일정 정도 축적되기는 했지만 뚜렷한 논점은 형성되지 않은 채 논의는 다소 활력을 잃어 갔다.

그런 가운데 이제는 경제개혁의 후퇴를 주장하는 사람들이 하나둘씩 늘기 시작하였다. 사후적이기는 하지만 북한 내부 사정에 대한 정보가 하나씩 흘러나오면서 전반적인 정책의 보수화와 경제개혁의 후퇴를 주장하는 연구가 등장하기에 이르렀다. 물론 어떤 현상에 무게를 두느냐, 어떤 요인을 더 중시하느냐, 특히 언제부터를 개혁의 후퇴기, 정책의 보수화기로 규정할 것이냐 등의 문제를 두고 논의들 간에 약간의 차이를 보이고 있다.[1]

'개혁의 후퇴'라는 개념을 적용하는 것은 아직 논란의 소지가 있다고 보기 때문에 이 글에는 '시장화 억제 정책'이라는 개념 틀을 도입한다. 시장화 억제 정책의 핵심요소는 시장 및 시장경제활동에 대한 본격적인 단속·통제라고 할 수 있다. 따라서 이 장에서는 시장에 대한 본격적인 단속의 성과와 한계, 그 파급효과 등을 중점적으로 다룬다. 이는 시장에 대한 본격적 단속에 대한 개별 경제주체와 시장의 대응, 이에 따른 시장의 구조적 변화도 포함한다. 다만 대상 시기는 2009년 화폐개혁 실시 직전까지로 한정한다.[2]

2007년부터[3] 본격적으로 전개되고 있는, 시장에 대한 북한 당국의 대대적인 단속은 연구사적으로 많은 논점을 던져 주고 있음에도 불구하고, 학계에서는 이에 제대로 대응하지 못하고 있다. 물론 시장에 대한 단속이 어제오늘의 일이 아님은 분명하지만 2007년부터 전개된 단속은 종전과는 차원이 다른 것임에 유의할 필요가 있다.

자료로는 주로 한국 NGO의 대북 소식지, 탈북자 면담 및 설문조사 결과 등을 활용하기로 한다. 탈북자 면담 및 설문조사는 2009년 4월부터 8월까지 실시되었고,[4] 이들의 인적사항은 표 3-1과 표 3-2에 정리하였다. 물론

---

1 박형중(2008)은 2000~2005년까지 북한의 대내정책이 상대적으로 개혁적이었지만 2006년 이후 보수적으로 변했다고 주장하고 있다. 아울러 한기범(2009)은 2005년부터를 북한의 개혁후퇴기로 규정하고 있다.

2 화폐개혁 시기의 시장화 억제 정책에 대해서는 다음 장에서 다룬다.

3 시장에 대한 본격적인 단속 시점을 언제로 볼 것이냐에 대해서는 다양한 의견이 있을 수 있다. 후술하겠지만 필자는 탈북자 면담 결과를 토대로 2007년으로 잡고 있다. 북한의 개혁후퇴는 2005년부터 시작되었다고 보는 한기범(2009)조차 북한 당국이 시장에 대한 장려(2003. 3)에서 적극 통제로 돌아선 것은 2007년 10월부터라고 보고 있다.

4 이 장과 다음 장에 소개된 설문조사는 제2장의 설문조사와 시기적으로는 같지만, 독립

표 3-1 설문 대상 탈북자의 인적사항 (단위: 명, %)

구분		응답자 수	비율
출신지역 (최종 거주지역)	평양	3	1.5
	평안도	3	1.5
	황해도	10	4.9
	강원도	4	1.9
	함경도	148	71.8
	양강도	38	18.4
	합계	206	100.0
연령	20대	64	30.9
	30대	77	37.2
	40대	47	22.7
	50대	18	8.7
	60대	1	0.5
	합계	207	100.0
성별	남	94	45.4
	여	113	54.6
	합계	207	100.0
학력	소학교(인민학교) 졸업	5	2.4
	고등중학교 졸업	145	70.4
	전문학교 졸업	29	14.1
	대학교 졸업	22	10.7
	기타	5	2.4
	합계	206	100.0
탈북 연도	2007년 이전	2	1.0
	2007년	37	18.0
	2008년	94	45.6
	2009년	73	35.4
	합계	206	100.0

적이고 상이한 설문문항을 가지고 행해진 조사이다.

표 3-2 면담 대상 탈북자의 인적사항

구분	출생 연도	탈북 연월	성별	주된 거주지역	주요 경력
D1 씨	1959	2008. 10	여	함북 온성	매대 상업
H1 씨	1967	2008. 9	남	강원 원산	무역회사 근무
H2 씨	1973	2007. 3	여	양강 혜산	개인 상업
J1 씨	1967	2008. 10	여	양강 운흥	개인 상업
J2 씨	1960	2007. 11	여	평남 순천	개인 상업
J3 씨	1961	2008. 6	남	함남 단천	개인 수산업
K1 씨	1978	2008. 9	여	함북 회령	개인 상업
K2 씨	1981	2008. 12	여	함북 청진	매대 상업
K3 씨	1976	2009. 4	남	평양	국가기관 근무
K4 씨	1972	2008. 10	여	함북 온성	매대 상업
K5 씨	1973	2008. 9	여	양강 혜산	개인 상업
K6 씨	1956	2008. 11	여	함북 청진	개인 상업
K7 씨	1972	2008. 3	여	함북 청진	개인 상업
K8 씨	1966	2008. 9	남	평양	무역회사 근무, 개인 상업
K9 씨	1978	2009. 1	남	함남 고원	개인 상업
K10 씨	1980	2008. 5	여	평남 평성	개인 상업
K11 씨	1977	2008. 12	여	함북 청진	매대 상업
L1 씨	1964	2008. 10	남	양강 혜산	기업소 근무, 개인 상업
L2 씨	1962	2008. 8	여	양강 혜산	개인 상업
L3 씨	1970	2008. 10	여	함북 청진	개인 상업
L4 씨	1968	2009. 4	여	함북 무산	개인 상업
L5 씨	1976	2008. 10	여	양강 혜산	개인 상업
L6 씨	1970	2009. 3	여	함북 무산	개인 서비스업
L7 씨	1979	2009.1	남	함남 덕성	국가기관 근무
L8 씨	1965	2008. 9	남	평북 동림	무역회사 근무
L9 씨	1972	2008. 10	남	양강 혜산	개인 상업
L10 씨	1955	2009. 1	여	강원 원산	개인 상업
P1 씨	1971	2008. 10	여	함북 무산	기업소 근무, 개인 상업
S1 씨	1970	2009. 2	여	양강 혜산	기업소 근무, 개인 상업
Y1 씨	1942	2009. 1	여	함남 단천, 평양	매대 상업

탈북자 면담 및 설문조사 결과는 자료로 활용하기에 대표성과 신뢰성 등의 면에서 문제점이 많은 것은 분명하다. 따라서 이 글의 논의는 매우 잠정적인 것임을 밝혀 둔다.

2. 시장화 억제 정책의 전개

1) 시장 단속의 주요 내용과 경과[5]

북한에서 시장에 대한 단속은 어제오늘의 일이 아니다. 경제위기를 거치면서 암시장이 창궐하는 가운데 북한 당국은 종종 시장에 대한 단속을 펼쳐 왔다. 물론 시장에 대한 단속에 한계가 있었기 때문에 단속과 묵인이 반복되었다. 2003년 종합시장이 등장한 이후 단속이 다소 뜸해졌지만 완전히 사라진 것은 아니었다. 그러다가 2007년경부터 단속이 본격화되었다. 물론 2005년 가을부터 배급제의 정상화 시도와 함께 단속이 재개되었지만, 탈북자들의 증언 등을 종합하면 단속의 범위, 규모, 기간 등의 면에서 종전과는 차원이 상이한 단속이 본격화된 것은 2007년부터인 것으로 추정된다.

이 시기의 단속은 다방면에 걸친 것이라는 특징이 있다. 우선 상행위(장사) 연령에 대한 제한이 이루어졌다. 2007년 4월 1일부터 전국 농민시장 정돈사업을 실시했는데, 이 결정은 3월 하순 인민보안부 포고령으로 전국에 공표됨에 따라 시장에서 장사를 할 수 있는 연령은 45세 이상으로 제한되었다. 이후 상행위 제한 연령은 30세 이하, 40세 이하, 45세 이하, 49세

---

5 시장 단속에 대한 정보는 주로 좋은 벗들의 『오늘의 북한 소식』에 의존하였다. 따라서 정보가 충분하지 않기 때문에 시장 단속에 대한 이하의 서술은 제한적으로 해석될 필요가 있다.

미만 등 시기별·지역별로 다소 차이를 보인다.

아울러 상행위 품목과 판매액에 대한 제한 조치도 취해졌다. 2007년 9월부터 전국의 시장에서 쌀을 판매하는 것이 다시 금지되었고, 2007년 10월에 신의주에서는 화장품, 가방, 담배, 약품이 판매 금지 품목으로 지정되었다. 2008년 초부터는 전국 시장에서 공업품 매장을 아예 없애고 농토산물 판매만 허용한다는 소식이 전해졌다. 그리고 2007년 4월부터 전국 농민시장 정돈사업을 통해 1일 20만 원 이상 판매할 수 없도록 했다.

상행위 장소에 대한 제한 조치도 취해졌다. 2007년 10월 신의주, 함흥 등에서는 골목 장사와 손수레 장사를 모두 없애라는 상부의 지침이 전달되어 모든 상행위는 시장 안에서만 허용하겠다는 지시가 공표되었다.

상행위뿐만 아니라 상행위 관련 활동에 대해서도 제한이 가해졌다. 한때는 휴대전화뿐 아니라 빛섬유전화(유선전화)의 사용 금지 조치가 전국적으로 취해지기도 했다. 이 조치는 사리원, 함흥, 평양 지구에서 가장 먼저 실시되었고, 이어서 신의주에서 2007년 10월 15일부터 장사와 정보 유통을 막기 위해 빛섬유전화를 차단하겠다고 공표되었다.

버스 운행을 제한하는 조치도 취해졌다. 최고인민회의 상임위원회에서 일부 지역의 장거리 버스 실태를 점검한 결과, 개인들이 회사 명의로 불법 운영하는 일이 많았다고 한다. 이에 전국적으로 장거리 버스 운영 실태를 조사하도록 지시를 내렸고, 일부 지역에서는 개인 투자 버스를 운행하지 못하도록 조치하였다.

개인의 현금 소유에 대한 제한 조치도 내려졌다. 2007년 5월부터 모든 개인은 북한 돈으로 1억 원 이상 소유하지 못하도록 지침을 내렸으며, 1억 원 이상 소유한 경우 당국에 무조건 신고하도록 했다. 1억 원이 넘는 돈은 국가가 대신 보관해 주는데, 만약 정확한 액수를 신고하지 않거나 은닉하는 자는 즉시 전액을 몰수하도록 했다.

개인의 투자활동에 대한 제한 조치도 취해졌다. 개인들이 각 기관이나 기업소 명의로 식당이나 목욕탕 같은 서비스업, 버스, 어선 등에 대해 투자·운영하던 사실상의 개인 기업 및 개인 투자활동에 대한 제한 조치이다. 그동안 각 기관과 기업소는 자력갱생을 이유로 개인들로부터 투자를 받아 무역 및 장사를 할 수 있도록 명의를 빌려주는 대신 일정한 소득을 벌어들였다. 이는 돈이 있는 개인들의 이해관계와 맞아떨어졌다. 그런데 2007년에는 운영권 박탈과 재물 회수에 그치지 않고 시범적으로 공개처형까지 실시하였다.

주목할 만한 것은 각종 검열의 실시이다. 국가안전보위부, 보안서, 중앙당 조직부, 호위사령부의 검열에 이어 2007년 5월에는 중앙 검찰소 요원들이 전국 주요 도시에 전격적으로 파견되어 국가안전보위부, 보안서, 재판소, 도당, 시당, 인민위원회 등을 대상으로 검열을 실시하였다. 중앙당 비사회주의 그루빠의 검열도 빈번했는데, 2007년 9월 양강도의 경우 검열 대상은 밀수, 휴대전화 사용자, 차판 장사,[6] 반사회주의 현상 등 100여 가지에 달했다고 한다. 그동안 비사회주의 그루빠의 검열이 매년 있었지만, 이렇게 집집마다 돌아다니며 장사 관련 사항을 검열한 것은 처음이라는 탄식도 나왔다. 무역회사를 대상으로 한 검찰 검열도 실시되었는데,[7] 검열 내용은 국가 돈을 탕진하고 개인 주머니에 챙긴 것과 외부로의 정보 유출이 있었는지 여부였다. 2008년에는 전국적으로 화교에 대한 단속을 본격

---

6 '차판 장사'는 시장(장마당)에서 매대(좌판)를 열고 소규모 소매 장사를 하는 것이 아니라 화물차 등을 사서 대규모로 도매 장사를 하는 것을 가리킨다.

7 탈북 직전까지 무역회사에서 근무한 탈북자 H1 씨는 "2007년 11~12월경부터 무역회사를 통폐합하기 시작했다. 함경북도부터 아래 지역으로 내려오면서 큰 회사는 남기고 많은 회사들을 없앴다. 국가에 큰 이익을 주지 않는 작은 회사들을 주로 없앴다. 내가 근무했던 무역회사도 마찬가지였다. 국가에 큰 도움이 안 되는 지저분한 회사였다. 아울러 작은 회사들이 없어지면서 큰 회사로 흡수되는 경우도 종종 있었다"고 전하고 있다. 한편 중국 선양(瀋陽)에서 북한 측과 무역업을 하는 한국인 사업가 J 씨도 2007년에 무역회사들이 통폐합되었다고 전하고 있다. 대형 무역회사에 소속되어 있는 중소규모, 하부 단위의 무역회사들이 정리되었다는 것이다.

적으로 시작했다는 소식도 전해졌다.

나아가 2009년부터는 종합시장의 순차적 폐쇄, 특히 농민시장으로의 환원이 시도되었다. 주민들의 반발 등으로 시행이 연기되기는 했지만 2009년 1월부터 전국의 시장을 농민시장으로 개편한다는 방침을 발표한 바 있다. 5월부터는 150일 전투, 100일 전투를 추진하면서 주민들의 시장경제활동에 실질적인 타격을 가하고자 했다. 6월에는 북한의 대표적인 전국적 도매시장인 평성시장에 대해 폐쇄 결정을 내렸다.

2) 단속의 배경과 원인

이러한 지속적인 시장 단속의 배경에는 시장에 대한 당국의 인식 변화가 자리잡고 있다. 2007년부터의 시장 단속은 김정일 위원장의 지시에 의해 진행되었다고 보는 것이 적절할 것 같다. "시장이 비사회주의 서식장으로 되었다"는 김정일 위원장의 지적에 따라 장사에 대한 8·26 방침이 나왔다고 한다. 특히 김 위원장이 2008년에 이른바 '6·18 담화'를 통해 사회주의 원칙 고수와 시장에 대한 통제 강화를 지시한 이후 시장에 대한 단속과 통제는 더욱 강화되었다.

아울러 상행위 금지에 대한 강연제강(講演提綱)이 계속 나왔다. 예컨대 강연제강의 제목이 "시장 관리에 대한 올바른 견해와 입장을 가지고 자기 직무직종에서 일을 더 잘하자"였고, 어느 강연제강에서는 "시장 장사는 우리 식 사회주의를 안으로부터 와해시키고 자본주의로 가는 길을 앞당기는 근본 원천이다 […] 부익부 빈익빈의 썩고 병든 자본주의 길로 가게 하는 근본이 시장 운영 관리에 있다"는 내용이 포함되어 있었다.

시장에 대한 단속은 계획경제를 복원하려는 시도와 함께 진행되었다. 북한 당국은 일정 연령 이하인 여성의 상행위를 금지하는 조치와 함께 이들 인력의 공장 복귀를 종용하였다. 자강도 강계시의 경우, 2008년 3월부터 40세 미만 여성에 대해 장사를 금지시키는 한편 이들을 무조건 직장에 배치(파견)하도록 했고, 각 공장들에 대해서는 이들 여성 인력을 무조건 받아들이라고 명령하였다. 동시에 일부에서 시장의 역할을 농토산물 판매로 축소하고, 공산품은 국영 상점을 이용하도록 조치하였다. 전국 시장에서 공산품 매장은 아예 없애고 농토산물 판매만 허용한 것이다. 공산품을 사기 위해서는 결국 국영 상점을 이용할 수밖에 없으며 국영 상점이 시장의 역할을 하는 셈이다.

3. 시장화 억제 정책의 성과와 한계

1) 단속의 성과

시장 단속의 성과가 전혀 없다고는 할 수 없다. 실제로 장사가 금지되어 생계가 막막해지자 주부가 자살한 사례도 보고되고 있다. 특히 시장에 대한 북한 당국의 인식 변화는 시장에 대한 단속이 종전과는 차원이 다를 수 있으며, 어느 정도 효과도 있을 것임을 짐작하게 한다.

무엇보다도 북한의 신흥 부유층인 '돈주'에 대한 처벌, 불법행위를 빌미로 한 처벌은 주민들의 인식에 큰 영향을 주기 마련이다. 이른바 '생계형 시장경제활동'에 대해서는 관용을 베풀 여지가 있으나, 그 차원을 넘어서는 이른바 '부의 축적형 시장경제활동'에 대해서는 국가가 언제든지 철퇴를 내릴 수 있다는 인식을 주민들에게 심어 주는 것이다. 일반 주민들에게도 시장경제활동의 일시성·잠재성·과도기성을 각인시켜 준다. 시장경제활동이 당연한 것도, 영원한 것도 아니라는 인식이다. 이는 결국 북한에서 시장경제가 확대되는 데 한계가 있을 수 있음을 시사한다. 좀 더 구체적으로 살펴보자. 단속에 걸리면 대부분은 자신이 팔고 있던 물품을 회수(몰수)당하고 벌금도 부과되며, 때로는 신체적 구속까지 행해지니 뇌물도 필요하다. 그러다 보니 장사 비용이 크게 늘어나 상인들에게 부담이 되는 것은 분명하다.

"통제가 많아지고 여기저기서 잡아가다 보니 자연히 벌금을 내는 경우가 많아졌다. 단속이라는 게 원래 귀에 걸면 귀걸이, 코에 걸면 코걸이식이니까. 그러다 보니 장사하는 데 드는 비용이 크게 늘어나 이윤은 종전보다 크게 줄었다." (탈북자 L4 씨)

"단속에 걸리면 물건을 모두 회수당하기 때문에 손해가 상당하다. 단속을 당하면 벌금을 내야 하는데, 그 벌금이 하루 수입보다 많은 경우도 있고 한 달 수입보다 큰 경우도 있다. 그런데 금액이 커서 벌금을 내지 못하면 단련대에 끌려가기 때문에 상인들 입장에서는 피곤하다."(탈북자 K1 씨)

"나는 매대를 살 돈이 없어서 2008년 4월부터 10월까지 수남시장 길목에서 도자기 장사를 했다. 주로 새벽 4시부터 오전 8시까지 물건을 팔았다. 한번은 보안원이 지나가는 줄 모르고 앉아서 장사를 하다가 물건을 모두 빼앗긴 적이 있다. 그때 보안서에 와서 물건을 찾아가라고 했으나 어차피 물건을 되찾을 때 비용이 들기 때문에 그냥 찾지 않는 것이 나을 것 같다고 판단하였다. 결국 앉아서 물건을 모두 빼앗긴 것이다."(탈북자 L3 씨)

"서른 살 미만의 사람에 대해 단속할 때였다. 시장관리원, 구역 당, 안전부, 순찰대 등지에서 계속 단속이 나왔다. 그런데 피하지 못하고 붙잡히는 경우가 종종 있다. 그러면 수남시장 근처에 있는 공장 창고에 사람들을 집어넣고 열쇠를 채운다. 그랬다가 밤이 되면 벌금을 받고 풀어주었다."(탈북자 K2 씨)

"휴대전화 단속은 매우 세게 한다. 나도 2007년 4월에 휴대전화 단속에 걸린 적이 있다. 조선민주주의인민공화국 전파탐지국이라는 신분증을 가지고 있는

2) 단속의 한계

하지만 당국의 단속에도 불구하고 상행위는 근절되기 어렵다. '뒷구석'에서 물건을 판매하거나 '메뚜기 장사'를 하는 것은 기본이며, 단속원들에게 돈이나 담배, 술 등을 주고 위기를 모면하기도 한다. 상인들은 당국의 시장 판매 금지에 불만이 많지만 이런 일이 새삼스러운 일은 아니라면서, 아무리 판매를 금지해도 소용없다고 이야기하거나 시간이 지나면 단속이 풀릴 것으로 예상한다. 한 해에 한두 번 하는 단속도 아니라면서, 이젠 단련이 되어 대수롭지 않게 여기는 분위기이다.

단속은 주민들의 직접적인 반발에 부딪치기도 한다. 주민들은 "먹을 것을 주지도 않으면서 장사는 왜 못하게 하는가? 이것은 백성들을 말려 죽이자는 심보가 아니면 무엇인가," "배급도 없고 월급도 없고 이것이 어디 우리를 살라고 하는 것인가. 이것이 나쁜 놈들만 살판 치는 세상이 아니고 무엇이냐" 등의 불만을 털어놓는다. 청진시에서는 2008년 3월 4일, 여성들이 집단 항의하는 사건도 발생했다고 한다. 시당에서는 "시장까지 막으면 모든 공장이 멈춰서는 것은 둘째 치고 우선 많은 노동자들이 굶어죽게 된다"며 이 사건을 즉각 중앙에 보고했으나 별다른 대책은 내려오지 않았고, 결국 시가 자체적으로 나이 제한 없이 모든 여성이 장사할 수 있도록 조치를 취했다고 한다.

아울러 2008년 봄과 여름에 식량난이 심화됨에 따라 2009년 들어 시장에 대한 단속이 다소 주춤했다는 소식도 전해지고 있다. 또한 국가 재정수입이 시장 및 시장경제활동에 의존하는 바가 크기 때문에 시장에 대한 단속을 지속하는 데 한계가 있다는 측면도 있다.

시장에 대한 단속의 한계를 단적으로 보여 주는 사건으로는 2009년 초로 예정되었던 농민시장 환원 조치의 연기를 들 수 있다. 2008년 11월 북한 당국은 내각 상업성 지시문과 도 지시문을 통해 2009년 1월부터 전국의 시장을 농민시장으로 개편한다고 통보한 바 있다. 종합시장을 없애고 농민시장으로 환원하여 앞으로 식량을 제외한 농산물만 거래할 수 있도록 하고, 식량은 양정사업소에서, 공산품은 국영 상점에서만 판매토록 한다는 것이다. 그런데 이 조치는 시행 시기가 6개월 연기되었다. 배급시스템이 제대로 작동하지 않는 상황에서 종합시장을 없애면 주민들의 반발이 클 것이라는 우려가 작용한 것으로 보인다.[9]

(1) 상인들의 대책 마련으로 인한 단속의 한계

단속에 대해 상인과 주민은 매우 다양한 방식으로 대책을 마련하여 대응하기 마련이다. 즉 국가가 단속을 하더라도 상인들은 나름대로의 노하우를 활용하여 단속망을 피해 가는 것이다. 물론 여기에는 비용이 수반된다는 맹점이 있다. 우선 상행위 연령 제한에 대한 매대 상인들의 전형적인 대응방식으로는 고연령자를 매대에 대신 앉히는 방법이 있다. 이 경우 시어머니가 가장 많이 동원되지만, 사정이 여의치 않으면 돈을 주고 친구의 어머니, 옆집 할머니 등을 동원하기도 한다.

> "연령 제한 때문에 장사를 못하게 되었지만 장마당 자리를 뺏기지 않기 위해 다른 사람을 대신 앉혀 놓고 장사를 계속 했다. 예를 들어 시어머니의 봉사증을 발급받아서 시어머니를 대신 앉혀 놓는 것이다. 그런데 시어머니는 물건 가격도 모르고 판매할 줄도 모르기 때문에 며느리가 앉아서 물건을 팔고 시어머니는 하루 종일 며느리 옆에 서 있다가 단속이 나오면 잽싸게 자리를 바꾼다. 매일 수시로 단속이 있었기 때문에 매일 함께 출근해야 했다."(탈북자 P1 씨)

---

9 평양의 한 간부는 "시장을 없애면 고난의 행군 시절보다 더 큰 어려움이 닥칠 것이라는 지방 관리들의 의견이 빗발쳤는데 이것이 반영된 것 같다"고 전했다. 또 다른 간부는 "현 시점에서 종합시장을 폐지하면 내란을 자초하는 행위라고 말하는 간부들도 있었다"고 밝혔다. 좋은 벗들, 『오늘의 북한 소식』 261호(2009. 1. 13).

"온성 남양시장은 2008년 4월부터 40세 미만의 여성은 장마당에 앉아서 장사를 할 수 없게 되었다. 그래서 형식적으로는 계산도 제대로 못하는 시어머니가 매대에 앉고, 실제로 판매하는 며느리는 그 옆을 왔다 갔다 하면서 장사를 하였다. 시어머니를 동원할 수 없을 때는 돈을 주고 옆집의 아는 할머니를 동원했다."(탈북자 K4 씨)[10]

"손님을 확실하게 확보한 경우에는 단속기간 중에 다른 사람을 앉히면서 장사를 지속해 나간다. 반면, 하루하루 판매하는 사람들은 단속을 피하면서 시끄럽게 장사하느니 '이것 아니면 다른 것 못하겠는가' 하면서 장마당에서 물러나 밀수품 중개 등으로 나선다."(탈북자 K4 씨)

종합시장의 시간제한에 대한 상인들의 대응방식에도 여러 가지가 있다. 대표적인 것으로는 단속하는 사람이 출근하기 전에 열리는 새벽시장의 활성화를 들 수 있다.

"오전장을 없애고 오후장만 허용한다는 시간제한이 생긴 이후 새벽장이 더 늘어났다. 새벽장은 예전에도 있었지만 2007년부터 활성화되었다. 새벽장은 단속을 하지 않기 때문에 많은 사람들이 나와서 물건을 판다. 보통 오전 5시부터 오전 8시까지 열린다. 새벽장은 매대 없이 장마당 주변에서 열리는 도매시장이다. 바닥에 보자기나 큰 비닐을 깔아 놓고 판매하는 장사꾼들이 수남시장 옆 길목을 따라 줄지어 있다. 예전에는 오전시장이 있었기 때문에 사람들이 합법적으로 오전시간을 이용해 장사를 했는데, 이제는 오전에 단속을 하기 때문에 어쩔 수 없이 새벽에 물건을 사고판다."(탈북자 K5 씨)

"새벽장은 오후장에서 팔 물건을 사는 곳이기 때문에 도매가 기본이다. 반면

10 시어머니를 동원할 수 없을 때는 돈을 주고 친구 어머니를 동원하는 경우도 있다고 한다(탈북자 L2 씨).

오후장은 도매와 소매가 섞여 있다. 새벽장에서 물건을 사는 사람은 오후장에서 물건을 팔려는 사람도 있고, 달리기로 다른 지역에 가서 팔려는 사람도 있다. 청진시 안의 다른 구역에 사는 상인들이나 지방에 사는 상인 등 전국 각지의 상인들이 물건을 사기 위해 온다. 그리고 자기 고장에 가서 가격을 좀 더 높여 물건을 판다. 오후 1시에 물건을 도매로 받아서 자기 고장에 가져가 팔면 시간이 늦어지기 때문에 새벽장을 이용한다. 즉, 시간을 절약하기 위해 새벽에 와서 도매로 물건을 해 가지고 기차로 다시 자기 고장에 돌아가는 것이다. 이렇게 하면 오후 1시부터는 자기 고장 장마당에서 물건을 팔 수 있다."(탈북자 K7 씨)

시장에서 판매할 수 있는 품목에 대한 제한 조치가 내려올 경우가 종종 있는데, 이에 대한 대표적인 대응방식은 상행위 공간을 종합시장 안에서 종합시장 밖으로 이동하는 것이다. 이 경우 종합시장 주변의 가정집, 기관·기업소 창고 등이 활용된다. 이와 관련하여 전화가 큰 역할을 하게 되었다는 점은 주목할 만하다.

"단속이 강화된 이후, 장마당 판매 시간이 짧아지면서 장사꾼들은 판매할 물건을 국가에서 관리하는 장마당 창고가 아닌 장마당 주변 개인 집에 돈을 주고 맡기게 되었다. 그런데 국가에서는 이런 집들에 대해서도 단속을 한다. 그러면 그 집은 벌금을 내게 되고 집 안의 물건들은 회수당한다. 하지만 다시 돈을 주고 물건을 찾을 수 있고 물건을 되찾으면 장사꾼들은 또다시 그 집에 물건을 보관한다. 이렇듯 장마당 주변 개인 집들이 창고로 활용되기 시작하였다."(탈북자 P1 씨)

"2008년에는 시장에서 중국산 제품도 일체 팔지 못하도록 했다. 오로지 조선 농산물만 팔 수 있었다. 그래서 사람들이 물건은 장마당 주변 집에 맡겨 놓고 종이에 자기가 파는 물건 이름을 써 놓은 푯말을 들고 서 있었다. 그리고 각 시, 군에서 도매하는 사람들이 와서 필요한 물건을 말하면 그 집으로 데리고 가서 팔았다. 그래서 수남시장 주변에 있는 집들이 부자가 되었다. 이미 수남시장 주

변에는 집이 많았는데, 단속이 본격화된 이후 새롭게 지은 집들도 늘었다."(탈북자 K5 씨)

"수남시장과 같이 규모가 큰 시장은 집에서 거래하는 데 한계가 있다. 그래서 예컨대 외화벌이 사업소의 남는 창고에 개인이 월세를 내고 자기 짐을 맡긴다. 그러면 개인 소비자들이 그곳에 와서 도매로 물건을 사가기도 한다."(탈북자 K5 씨)

"또 다른 방법도 있는데 한번 거래를 했던 사람들에게 전화번호를 주는 것이다. 물건을 사려는 사람이 전화로 필요한 물건을 이야기하면 기차로 물건을 부쳐 준다. 굳이 장마당에 가지 않아도 되는 것이다. 그래서 청진의 경우 3~4년 전부터 장사하는 사람 가운데 돈을 내고 자기 집에 전화를 설치하는 사람들이 크게 늘기 시작했다."(탈북자 K7 씨)

"장마당에서 통제가 심해진 이후에는 젊은이들이 메뚜기로 다 나가게 되었다. 그러니까 장마당이 곱으로 불어난 것과 같다. 낮에는 젊은이들이 메뚜기로 나가서 더 많이 팔게 되었고, 밤에도 젊은 메뚜기 장사들이 골목이나 아파트 앞에 나와 장사를 한다. 결국 장마당이 이중삼중으로 생겨난 것이나 마찬가지다."(탈북자 K8 씨)

한편 상인들의 대책으로 빼놓을 수 없는 것이 단속원들에게 뇌물을 바치고 문서를 조작해 단속을 피해 가는 것이다. 즉 친척들에게서 사진을 빌려 판매원증을 위조하거나, 시장에서 상행위가 불가피한 사정을 문서로 만들어 상부에 제출하는 것이다.

"40세 이상만 장사를 할 수 있도록 제한했으나 실제로 이러한 제한은 유명무실했다. 40세 이상인 가족, 친척들의 사진과 이름 등을 가지고 판매원증을 위조해 사용했다. 단속원이 믿지 않는다 해도 뇌물을 주면 그만이었다. 심지어 순천의 많은 사람들이 문건을 위조하여 평성에서 장사를 하였다. 평성은 도매시장이기 때문에 규모가 커서 이런 일들이 비일비재했다. 원래는 판매원증을 걸어놓고 장사를 해야 하지만 실제로는 그러지 않았고, 단속이 오면 관리원에게 뇌물도 주고 판매원증 사진상에 있는 사람의 자리를 잠시 맡아 주는 것처럼 행동했다."(탈북자 K10 씨)[11]

"연령 제한이든, 품목 제한이든 위에서 포고가 내려오더라도 문건 놀음만 잘하면 뭉갤 수 있다. 내가 장사를 반드시 해야 하는 사정이 있다고 위에 제기한다. 구역 인민위원회 상업부에 가서 뇌물을 먹이고 문건을 만든다. 남편이 대학에 다니거나 시부모가 고령이라거나, 집에 불구자가 있다거나 하는 식이다. 그러면 장마당 매대에서 당당하게 장사할 수 있다. 뇌물은 2007년 당시 2만 5천 원 내지 3만 원 정도인데, 어떤 사람은 5만 원을 주었다고도 했다. 돈만 충분히 주면 문건 만드는 것은 일도 아니다."(탈북자 K11 씨)

(2) 학습효과로 인한 단속의 한계

단속이 일회성으로 끝나지 않고 여러 차례 반복되면 효과를 반감시키는 결과를 초래한다. 이른바 학습효과가 생기는 것이다. 단속 방침을 내려주는 국가나 단속을 직접 집행하는 중간계층이 계속 새로운 방침을 내려주면 일시적이나마 효과를 높일 수 있다.

"한 번 잡혀가면 적당히 뇌물을 바치고 풀려난다. 그렇게 한 번 뇌물을 바친 사람은 다음엔 잡히지 않는다. 그 다음부터는 안면이 터지게 되는 것이다. 한번 단속당한 사람은 그 다음날은 당당하게 나타난다. 며칠간은 떳떳하게 자리를 지

11 시장 단속 이전에도 평성시장의 경우 문건 위조 사례는 빈번했다. 장사를 크게 벌이는 사람들 중에서 혼자 장사하기 힘든 사람은 돈을 주고 타지 사람을 고용하여 매대에 대신 앉혀 놓고 장사를 하기도 했다. 물론 이 경우 평성 사람으로 위조된 판매원증이 필요한데, 이것도 돈만 있으면 쉽게 만들 수 있다(탈북자 J2 씨).

킨다. 보안원들은 한 번 단속한 사람에 대해 예컨대 보름 정도 장사를 하게 놔 둔 후에 다시 가서 뇌물을 요구한다."(탈북자 K8 씨)

"처벌 이후 돈주들의 장사 활동이 주춤하게 되는가 하면 그렇지 않다. 경험을 쌓고 오히려 요령을 배운다. 한번 예심을 받고 오니 무섭지 않다고 이야기한다. 학습이 된다는 것이다."(탈북자 K1 씨)

"단속이 계속되다 보니 이력이 생겨서 단속원들과 친분을 쌓을 수 있다. 그래서 예를 들어 밤에 짐을 운반해야 한다면, 단속 시간과 단속 구간을 피해서 짐을 운반할 수 있다. 평양시의 경우 단속원들이 이동초소로 나갈 때도 있고 안 나갈 때도 있다. 결국 이제는 뇌물을 통해 문제를 해결할 수 있기 때문에 통제가 심해졌다기보다는 약해졌다고 볼 수도 있다. 그런데 방침이 새롭게 떨어질 때는 통제가 심하다. 왜냐하면 그 기간 동안에는 그 방침을 통해 단속원들이 많이 벌어야 하기 때문이다. 뇌물을 받기 때문에 한번 단속을 하여 회수한 물건은 다음번에 또 회수하기 미안하다. 때문에 방침이 새롭게 나왔을 때 통제가 심하였다가 뇌물을 고이고 익숙해지면서 통제가 약해진다. 보위원, 보안원도 먹고 살기 위해서는 장사를 해야 하는데, 그렇게 하지 못하니까 방침이 새롭게 떨어질 때마다 뇌물을 받아서 먹고 산다. 즉 권력기관의 입장에서는 새로운 방침이 내려오는 것이 좋은 것이다. 새로운 방침으로 돈을 벌기 때문이다. 그래서 한 달마다 계속 새로운 방침이 내려온다."(탈북자 K9 씨)

(3) 국가의 재정부족과 단속원의 사적 이익 추구 경향으로 인한 단속의 한계

시장 단속의 한계는 단속의 주체에게도 원인이 있다. 즉 국가가 재정난에 시달리다 보니 시장에 의존하지 않을 수 없고, 게다가 직접 단속을 하는 이른바 법기관 사람들은 국가 재정난에 따른 자신들 기관의 운영자금 부족을 해결한다는 핑계로 사적 이익을 추구하는 경향을 보이기 때문이다. 예컨대 개인들이 국가로부터 명의를 빌려 자기 자본으로 상점이나 식당을 운영하는 사례를 살펴보자.

"국가는 개인들에게 수매상점이나 합의제식당의 명판(인가)을 주었다 뺐었다 하는 식으로 운용한다. 예를 들어 개인이 돈을 투자해서 건물의 1층을 사고 뇌물을 바쳐서 명판을 받아야 한다. 보안성, 보위부, 당까지, 게다가 구역, 시 등 각 단계별로 3중, 4중으로 다 먹이고 나야 장사할 수 있다. 또 건물을 사더라도 건물이 형편없으니 개인 돈을 많이 들여 개보수를 해야 한다. 그러면 당국은 건물 보수한 값, 뇌물 바친 값 등을 계산해서 그 몫을 챙길 동안은 장사하게 가만히 놓아둔다. 그리고 그것보다 더 많이 벌었을 만하면 건물을 뺏으러 온다. 예를 들어 건물 보수에 2천 달러, 뇌물에 1천 달러 등 총 3천 달러가 소요되었을 것 같으면 4천 달러 정도 벌었을 것 같은 시점, 즉 본전 뽑았을 것 같은 시점에 뺏는다. 이것은 어느 기업소 소속 건물인데 앞으로 장군님의 현지지도가 예견된다며, 건물을 내놓으라고 하면 어쩔 수없이 내놓아야 한다. 국가에서 건물을 개보수할 재정이 없으니 그런 식으로 건물을 꾸린다."(탈북자 K8 씨)

"상점들이 수매상점화하는 것을 단속한다고 해도, 특히 중국산 제품을 팔지 못하게 한다고 해도 한계가 있다. 평양에 수산물 상점, 남새(야채) 상점, 식료품 상점이 많은데 국가에서 공급해 주는 상품은 하나도 없고 손님도 없다. 사과 철에 사과를 실어다 가정에 하나씩 나눠줄 때 한 번, 복숭아 철에 한 번, 설 명절 등에 한 번씩 식품을 내줄 때 빼고는 한산한데 그렇게 해서는 상점을 꾸릴 수 없다. 그러니 국가에서 주는 것 외에 개인들이 개인 수공업품을 상점에 가져와 맡기고 점장들과 계약하여 판매한다. 위탁판매이다. 수매상점과 같다. 더욱이 중국산 제품도 판매한다. 매장의 4분의 1은 국가에서 받아서 파는 것을 놓아두고 나머지는 다른 물건을 판다. 사실상 수매상점화하는 것이다. 간판은 식료품 상점이라고 붙여놓고 안에서는 중국산이나 개인들이 가져온 상품을 판매한다. 시에서 상점을 꾸리라고 하는데 그렇게 돈 버는 행위가 정당화된다. 원칙대로 운영하면 그런 자금을 마련할 수 없기 때문에 단속원도 눈감아 준다. 내 친구가 평양시 상점 검열하는 일을 했다. 그런데 이른바 수도건설이라 하여 평양시 현대화가 한창 진행 중이다. 시는 국영 상점들에 대해 수도건설, 현대화에 동참하라고 독려한다. 사실 상점 가운데는 옛날 건물들이 꽤 많다. 너무나 낡아 한심할 정도이다. 그래서 빨간색 칠하라, 파란색 칠하라, 구호판을 다시 달라는 등의 지시가 내려온다. '상점의 앞면을 꾸리라'는 것이다. 그런데 페인트칠 한 번 하려면 못해도 400~500달러가 필요하다. 국가에서 상품은 안 주지, 손님은 없지, 상점이 무슨 수로 그 돈을 마련하겠는가. 결국 수매상점화하는 수밖에 없다. 검열기관도 눈감아 준다."(탈북자 K8 씨)

단속 업무를 직접 수행하는 개개인에게 초점을 맞추면, 왜 단속이 한계를 지닐 수밖에 없는지가 더욱 명확하게 드러난다.

"검열이 내려오는 범위도 크게 확대되었다. 예전에는 도 내에서 검열이 내려왔다면 이제는 중앙의 보위사령부, 비사회주의 그루빠 등 타 도에서 그루빠를 형성해서 단속이 내려온다. 그리고 서로 바꿔서 단속을 한다. 양강도 안에서 형성된 그루빠가 외지로 단속을 가는 것이다. 안면이 없고, 서로 얽혀 있는 사람이 아니라야 잘 칠 수 있다. 그래서 타 도에서 그루빠를 형성하여 단속했다. 따라서 초기에는 권력의 윗선이 많이 죽었는데, 지금은 그것도 아니다. 단지 그 사람들이 요구하는 폭이 넓어지고 입이 커져서 일단 걸리면 예전보다 더 많은 돈을 주어야 한다는 것뿐이지 그 이상의 효과가 있는 것이 아니다. 단속 강화가 초기에는 효과가 있었지만, 결국은 이 사람들도 뇌물을 받아서 돈벌이를 하는 것이다. 그루빠에 한번 동원되면 리비아에 다녀온 것보다 돈을 더 번다는 이야기가 있다. 그런데 솔직히 그루빠에 동원되어서 손을 대려고 해도 다 얽혀서 돌아가기 때문에 손을 댈 수도 없다. 그래서 그럴 바에야 '너를 죽여서 내가 무슨 덕이 있겠는가. 나도 살고 너도 살자'는 식으로 돌아가는 것이다. 결국 단속으로 달라지는 것은 없다. 압박만 더 심해질 뿐이다."(탈북자 L2 씨)

3) 단속의 성과와 한계: 정량분석을 통한 종합시장과 개인사업체의 비교

이제는 2007년 이후 종합시장 안팎의 변화를 양적인 측면에서 살펴보자. 2007년 이후 종합시장에서 매대를 가지고 장사(상행위)를 하는 상인의 수는 어떤 변화를 보였을까. 표 3-3을 보면 알 수 있듯이 변화가 없다는 응답이 61명(30.8%)으로 가장 많고, 조금 줄었다는 응답(43명, 21.7%)과 조금 늘었다는 응답(42명, 21.2%)이 거의 비슷했다. 오히려 많이 늘었다는 응답(29명, 14.7%)이 많이 줄었다는 응답(23명, 11.6%)보다 좀 더 많았다. 즉 북한 당국의 지속적인 단속에도 불구하고 종합시장 내 매대 상인은 오히려 약간 늘어난 것으로 나타났다.

종합시장 내의 물품 거래량, 즉 판매량은 어떻게 되었을까. 이 역시 변화 없다는 응답이 73명(36.5%)으로 가장 많았다. 그리고 조금 줄었다는 응답(55명, 27.5%)과 많이 줄었다는 응답(25명, 12.5%)이 조금 늘었다는 응답(30명, 15.0%)과 많이 늘었다는 응답(17명, 8.5%)을 약간 웃돌았다. 종합적으로 보면 종합시장 내 물품 판매량은 약간 감소한 것으로 볼 수 있다.

종합시장에 대한 단속이 강화되면 종합시장 주변의 골목이나 집, 상인들의 집, 공장·기업소의 빈 창고 등을 이용한 종합시장 밖에서의 상행위가 늘어나기 마련이다. 종합시장 밖에서 활동하는 상인의 수는 2007년 이후 조금 늘었다는 응답(64명, 32.5%)이 가장 많았고, 그 다음으로는 변화 없다는 응답(56명, 28.4%)이었다. 요컨대 종합시장 밖의 상인 수가 늘기는 했으나 약간 늘어난 데 그쳤다는 것이다. 종합시장 밖에서의 물품 판매량도 유사한 추세를 보여 판매량이 조금 늘었다는 응답(64명, 32.2%)이 가장 많았고, 그 다음이 변화 없다는 응답(57명, 28.6%)이었다.

종합시장 안과 밖을 한데 묶어서 보면 어떻게 될까. 상인 수의 경우 변화 없다는 응답(58명, 30.2%)과 약간 늘었다는 응답(57명, 29.7%)이 거의 비슷했다. 그 다음은 많이 늘었다는 응답(45명, 23.4%)이었고, 조금 줄었다는

표 3-3 2007년 이후 종합시장 안팎의 변화 (단위: 명, %)

설문 문항		많이 줄었다	조금 줄었다	변화 없다	조금 늘었다	많이 늘었다	합계
종합시장 내 매대 보유 상인 수	응답자 수	23	43	61	42	29	198
	비율	11.6	21.7	30.8	21.2	14.7	100.0
종합시장 내 물품 판매량	응답자 수	25	55	73	30	17	200
	비율	12.5	27.5	36.5	15.0	8.5	100.0
종합시장 밖의 상인 수	응답자 수	16	29	56	64	32	197
	비율	8.1	14.7	28.4	32.5	16.3	100.0
종합시장 밖의 물품 판매량	응답자 수	12	37	57	64	29	199
	비율	6.0	18.6	28.6	32.2	14.6	100.0
종합시장 안과 밖을 합쳤을 때의 상인 수	응답자 수	13	19	58	57	45	192
	비율	6.8	9.9	30.2	29.7	23.4	100.0
종합시장 안과 밖을 합쳤을 때의 물품 거래량	응답자 수	14	49	51	51	28	193
	비율	7.3	25.4	26.4	26.4	14.5	100.0
돈주 등 개인에게 고용된 개인 수	응답자 수	23	48	57	30	25	183
	비율	12.6	26.2	31.1	16.4	13.7	100.0

응답은 19명(9.9%)에 불과하였다. 또한 물품 판매량의 경우 변화가 없다는 응답(51명, 26.4%)과 약간 늘었다는 응답(51명, 26.4%)이 똑같았고, 조금 줄었다는 응답(49명, 25.4%)도 비슷한 비중을 보였다. 다만 크게 늘었다는 응답(28명, 14.5%)이 크게 줄었다는 응답(14명, 7.3%)보다 더 많았다. 따라서 물품 판매량은 약간 늘어난 것으로 볼 수 있다. 결국 종합시장에 대한 지속적인 단속에도 불구하고 종합시장 안팎의 상인 수와 거래량은 오히려 약간 늘어난 것으로 파악되었다.

이제는 사실상 개인이 소유·운영하고 있는 사업체의 활동 변화에 대해 살펴보자. 개인이 운영하는 상점, 식당, 편의봉사업체, 외화벌이사업소, 지방산업공장 등에 대해 단속과 검열이 지속적으로 행해지면서 이들 업체와 개인들은 어떤 영향을 받았는지 알아보는 것이다.

표 3-4 2007년 이후 개인 운영 사업체 활동의 변화 (단위: 명, %)

설문 문항		크게 위축	조금 위축	변화 없다	좀 더 활기	크게 활기	합계
개인 운영 상점	응답자 수	26	64	60	30	14	194
	비율	13.4	33.0	30.9	15.5	7.2	100.0
개인 운영 식당	응답자 수	37	61	64	21	10	193
	비율	19.2	31.6	33.1	10.9	5.2	100.0
개인 운영 편의봉사업체	응답자 수	41	68	55	18	8	190
	비율	21.5	35.8	29.0	9.5	4.2	100.0
개인 운영 외화벌이사업소	응답자 수	45	64	52	12	8	181
	비율	24.9	35.4	28.7	6.6	4.4	100.0
개인 운영 지방산업공장	응답자 수	41	50	62	3	6	162
	비율	25.3	30.9	38.2	1.9	3.7	100.0

우선 표 3-4를 보면 알 수 있듯이 개인이 운영하는 상점의 경우 '조금 위축되었다'는 응답(64명, 33.0%)이 가장 많았고, 그 다음으로 '변화가 없다'는 응답(60명, 30.9%), '좀 더 활기를 띠었다'는 응답(30명, 15.5%) 순이었다. 개인이 운영하는 식당의 경우 '변화 없다'는 응답(64명, 33.1%)이 가장 많았다. 그런데 '조금 위축되었다'는 응답(61명, 31.6%)과 '크게 위축되었다'는 응답(37명, 19.2%)을 합하면 '조금 활기를 띠게 되었다'는 응답(21명, 10.9%)과 '크게 활기를 띠게 되었다'는 응답(10명, 5.2%)을 합한 것보다 꽤 많았다.

개인이 운영하는 편의봉사업체의 경우 '조금 위축되었다'는 응답(68명, 35.8%)이 가장 많았고, 그 다음이 '변화 없다'(55명, 29.0%), '크게 위축되었다'(41명, 21.5%)의 순이었다. 개인이 운영하는 외화벌이사업소도 동일한 경향을 나타냈다. 개인이 운영하는 지방산업공장의 경우 '변화 없다'는 응답(62명, 38.2%)이 가장 많았으나 '대폭이든 소폭이든 위축되었다'는 응답(91명, 56.2%)이 '활기를 띠게 되었다'는 응답(5.6%)보다 훨씬 많았다는 점이 눈에 띈다.

결국 개인이 운영하는 상점, 식당, 편의봉사업체, 외화벌이사업소, 지방산업공장 등은 이들에 대한 단속과 검열이 지속적으로 행해지면서 실질적으로 타격을 받은 것으로 파악할 수 있다. 단속과 검열이 충분치는 않지만 일정 수준 성과를 거두었다는 해석이 가능하다. 이는 종합시장을 비롯한 개인의 상행위에 대한 단속이 뚜렷한 성과를 거두지 못한 것과는 대조적이라는 점에서 주목할 만하다.

이러한 차이는 어떻게 해석될 수 있을까. 종합시장의 매대 상인은 기본적으로 영세한 생계형 상인이다. 이에 반해 개인이 운영하는 사업체는 투자활동을 수반하는 일정 규모의 중소상인으로, 상당수는 돈주의 범주에 속한다. 그리고 생계형 요소도 있지만 부의 축적형 요소도 포함되어 있다. 따라서 종합시장 매대에 대한 단속에도 불구하고 주민들은 필사적으로 시장경제활동을 지속한다. 뇌물 공여 같은 방법으로 단속을 피해 가는 경우도 많다. 지나치게 반복되면 상행위의 물적 기반이 붕괴되지만 한두 번의 단속이나 물품 회수로 결정적인 타격을 받지는 않는다. 반면에 개인사업체의 경우 단 한번이라고 해도 단속과 검열의 타격은 상당히 클 수 있다. 투자한 자금의 몰수도 감수해야 하며 때로는 처벌도 받는다. 개인이 운영하는 사업체라는 것이 기본적으로 국가 재산의 임대라는 형식을 취하는 경우가 많은데 단속·검열의 결과로 임대가 취소될 수도 있다. 이 경우 해당 상점, 공장 등에서 사업을 철수해야 한다. 재기가 불가능한 것은 아니지만, 다른 사업 대상을 찾아야만 하는 것이다.

4. 시장화 억제 정책의 파급효과: 시장화의 구조 변화

1) 빈익빈 현상

(1) 세외부담의 압박

주민들은 장사(상행위)를 통해 생계를 해결하지만 국가의 각종 조세와 준조세의 부담으로 인해 점차 생활에 핍박을 받게 되었다. 준조세 가운데 대표적인 것이 이른바 '세외부담'이다.

세외부담은 세대부담과 대비되는 것이다. 각 세대가 집세, 전기 및 수도 사용료 등과 같이 공식적으로 국가에 납부해야 하는 각종 사용료가 세대부담이라면, 그 밖에 정기적·부정기적으로 국가 혹은 지방 차원에서 바쳐야 하는 준조세를 세외부담이라고 한다. 이는 매우 광범위한 것으로, 각종 현물과 현금을 그야말로 시도 때도 없이 상부에 바쳐야 하는 것이다. 예컨대 대형 발전소 건설, 도로 보수, 인민군대 지원 등의 명목으로 중앙 혹은 지방 차원에서 주민들로부터 징수하는 각종 잡부금이 여기에 해당된다. 이 경우 국가는 주민들에게 돼지고기, 장갑, 세면도구, 도시락 등 현물로 납부할 것을 요구하지만, 이러한 현물을 보유하고 있지 않은 주민들이 대부분이기 때문에 현금으로 납부한다. 아울러 4·15 행사와 같은 국가적 행사나 문화주택 건설과 같은 중요 건설사업 등에 주민들을 동원하는데, 이러한 행사나 건설사업에 나가지 않으려면 그에 상응하는 현금을 납부해야 한다.

세외부담은 일반 주민들의 삶, 특히 하층민들의 삶에 큰 부담으로 작용한다. 세외부담이 지속적으로 증가했느냐는 물음에 대해 조사대상 탈북자들 가운데 124명(81.0%)이 '매우 그렇다'고 답했고, '조금 그렇다'는 대답도 28명(18.3%)이어서 압도적 다수인 99.4%가 세외부담이 계속 늘어났다고 밝히고 있다(표 3-5 참조). 다만 세외부담이 물가상승률을 웃도는 수준으

표 3-5 세외부담의 지속적 증가 여부 (단위: 명, %)

구분	응답자 수	비율
매우 그렇다	124	81.0
조금 그렇다	28	18.3
그렇지 않은 편이다	1	0.7
전혀 그렇지 않다	0	0.0
합계	153	100.0

표 3-6 세외부담이 소득에서 차지하는 비중 (단위: 명, %)

구분	0%	10%	20%	30%	40%	50%	60%	70%	80%	90%	100%	합계
응답자 수	0	23	24	35	13	14	2	6	6	2	7	132
비율	0	17.4	18.2	26.5	9.8	10.6	1.5	4.6	4.6	1.5	5.3	100.0

로 증가했는지 여부는 명확하지 않다. 한편 이러한 세외부담이 소득에서 차지하는 비중에 대해서는 소득의 30% 수준이라는 응답이 35명(26.5%)으로 가장 많았고, 그 다음이 20% 수준(24명, 18.2%), 10% 수준(23명, 17.4%)이라는 응답이었다. 소득의 50% 수준이라는 응답도 14명(10.6%)으로 무시하지 못할 정도였다(표 3-6 참조).

(2) 물가상승과 그 여파

시장화 억제 정책의 파급효과로는 우선 물가상승을 들 수 있다. 물론 북한에서 물가상승은 상품공급 부족을 비롯해 여러 가지 요인이 복합적으로 작용한 결과이다. 하지만 시장에 대한 대대적인 단속이 인플레이션을 가속화한 측면이 있음을 부정하기는 어렵다.

"단속을 강화할수록 물건을 파는 곳이 줄어들기 때문에 가격도 올라간다. 예를 들어 신발을 사야 하는 입장에서는 신발 파는 곳을 찾기 어렵기 때문에 일단 신발 장사꾼을 발견하면 그 장사꾼이 예전에는 50원에 팔던 것을 지금은 100원에 판다고 해도 그 신발을 사게 된다."(탈북자 H2 씨)

"장마당에서 단속을 하면 상인들은 장마당에 나오지 않고 집에 있게 된다. 때문에 물건을 사고자 하는 사람들은 장사꾼의 집으로 찾아가야 하므로 물건 값은 오르게 된다. 예를 들어 장마당에서는 800원이던 물건이 집에서 판매하면 1,000원이 되는 것이다."(탈북자 D1 씨)[12]

공산품도 그렇지만, 역시 단속의 영향을 가장 많이 받는 품목은 쌀일 가능성이 크다. 게다가 북한의 물가는 쌀값을 중심으로 형성되는 특징이 있으므로 쌀에 대한 단속이 물가에 미치는 부정적 영향은 결코 가볍지 않다.

"쌀값이 2008년 4월에는 1,080원, 1,200원이었는데, 매일 400원 또는 500원씩 오르더니 2008년 여름에는 3,800원까지 뛰었다. 무산에서 듣기로는 중국에서 쌀을 주지 않기 때문이라고 했다. 이렇게 쌀값이 크게 오르자 당국에서 쌀값을 올리지 못하도록 단속을 했다. 그런데 단속을 해도 실제로 쌀을 파는 사람들이 가격을 내리지 않다 보니 이후에는 쌀을 아예 팔지 못하게 했다. 하지만 이러한 단속으로 인해 예전에는 손수레를 가져와서 팔던 쌀을 이제는 작은 주머니에 가져와서 팔다 보니 쌀값은 더 오르게 되었다. 그래서 2008년 한때 일주일 동안 쌀 매대를 아예 닫게 해서 장사꾼들은 길이나 집에서 쌀을 팔아야 했다."(탈북자 P1 씨)

---

12 뒤에서 자세히 살펴보겠지만 이러한 물가상승으로 인해 결국 못사는 사람은 점점 못살게 되고 잘사는 사람은 점점 더 잘살게 되었다고 탈북자 D1 씨는 지적하고 있다.

(3) 현금소득의 감소

단속의 파급효과로서 또 하나 지적해야 할 것은 시장에서의 판매부진에 따른 현금소득의 감소이다. 물론 모든 주민들의 현금소득이 감소한 것은 아니고, 저소득층이라고 해도 상행위 품목에 따라 다소 차이가 있다. 아울러 뒤의 설문조사 결과에서 살펴보겠지만, 현금소득의 감소는 시장에 대한 단속만이 아니라 여타 요인과의 복합작용에 의한 것이다. 하지만 시장에 대한 단속이 직접 또는 간접적으로 일부 주민들의 현금소득 감소를 초래하는 방향으로 작용하고 있음을 충분히 짐작할 수 있다.

"생활이 아무리 힘들어도 꼭 필요한 것은 써야 한다. 말 그대로 생활필수품, 특히 먹는 것이나 아이들 공책, 비누, 신발 같은 것들은 그럭저럭 팔렸던 것 같다. 하지만 옷은 상대적으로 덜 팔렸다. 옷은 좀 못 입어도 괜찮고, 또 입던 것을 조금 고쳐서 입으면 된다. 돈 있는 사람들과 없는 사람들의 수준차가 크니까 비싼 물건과 싼 물건이 잘 팔리고, 중간 정도의 물건은 잘 안 팔리는 것 같다. 물건값을 10원부터 100원까지라고 한다면 100원짜리와 10원짜리는 잘 팔리고 50원짜리는 덜 팔리는 것 같다."(탈북자 L5 씨)

"돼지고기 값이 비싸졌기 때문에 많이 팔리지 않는다. 예전에는 1,500원이었는데, 지금 혜산의 경우 4,500원까지 올랐다. 모든 것이 비싸지다 보니 강냉이 가격도 오르고 그래서 술(모주)을 뽑는 사람도 적어졌다. 강냉이 가격이 싸야지 술을 많이 뽑고 돼지도 먹일 수 있는데, 모든 가격이 올라가다 보니 돼지 가격도 오르게 된 것이다. 원래는 물건 값이 올라가면서 장사 유통도 잘 되어야 하는데 지금은 그렇지 못하다."(탈북자 K9 씨)

"2008년 10월까지 돼지고기 장사를 했다. 2004년과 2005년에는 하루 평균 100kg 판매하던 것에 비해 2006년과 2007년에는 50kg, 2008년에는 20~30kg으로 판매량이 대폭 줄었다. 사람들이 돈이 없기 때문이다. 왜냐하면 장사 유통이 원활하지 않기 때문이다. 쌀 1kg이 2,500원인데, 하루 수입으로 이를 충당하기도 부족하기 때문에 소비가 위축된다. 생활이 어려워도 예전에는 설 명절이면 손에 물집이 잡힐 정도로 칼을 사용했는데, 이제는 쌀 200~300g만 사서 겨우 국물만 마신다. 작년에는 명절인데도 장마당에 사람이 없었다."(탈북자 K4 씨)

"미용업도 갈수록 손님이 줄었다. 2003년 정도에는 하루에 손님이 10~20명 정도 있었고, 밤 10시까지 일을 하곤 했는데 2008년에는 하루에 1~2명 정도였다. 사람들이 돈이 없다 보니 가정부인들은 파마라는 것은 아예 꿈도 꾸지 못한다. 여자아이들 머리도 집에서 엄마가 다 깎아 준다. 미용할 돈으로 강냉이 1kg를 사 먹겠다는 것이다."(탈북자 L6 씨)

"경기가 좋지 않아 장사 밑천도 줄어 더 힘들다. 2007년에는 대다수 사람들의 장사 밑천이 50% 이상 줄었고, 2008년에는 더 심해졌다."(탈북자 J2 씨)

"전반적으로 장사가 옛날만큼 안 된다. 나 같은 경우 2007년에는 매월 15만 원씩 벌었는데 2008년에는 7만 원 정도로 줄었다. 국가에서 시장에 대해 너무 통제를 하니까. 매대에서 파는 것보다 집에서 파는 게 못하다. 손님이 줄어든다. 그저 고정 손님들이나 올 뿐이다. 또한 물건 값은 계속 올라가는데 인민들이 돈이 없다 보니 잘 팔리지 않는다. 종전에는 신발을 1만 원 주고 샀다. 그런데 1만 5천 원으로 가격이 올랐다. 돈이 없으니까 이제는 신던 신발을 수리해서 신는다. 사람들은 못 신어도 밥은 먹어야 한다. 기본적으로 쌀값이 제일 먼저 오른다. 사람들이 쌀값에 돈을 넣느라고 예쁜 신발을 사 신고 싶어도 못 신는다. 배추 같은 것도 못 사먹어도 간장 같은 데 비벼서 한 끼 때우면 된다. 쌀값이 계속 올라가다 보니 어쩔 수 없다."(탈북자 Y1 씨)[13]

한편 주민들의 현금소득 감소 현상은 탈북자 설문조사를 통해 간접적으

---

13 탈북자 Y1 씨는 2003년부터 2008년까지 평양 선교구역 시장에서 매대 상인으로 일했다.

표 3-7 2007년 이후 본인의 현금소득 변화 (단위: 명, %)

구분	응답자 수	비율
많이 줄었다	26	30.6
조금 줄었다	16	18.8
변화 없다	24	28.2
조금 늘었다	10	11.8
많이 늘었다	9	10.6
합계	85	100.0

표 3-8 2007년 이후 개인의 현금소득 감소 이유 (단위: 명, %)

구분	응답자 수	비율
시장에 대한 단속 강화	48	26.0
물품 판매자 수 증가, 구매자 수 정체	33	17.8
물가상승에 따른 구매자 수 감소	35	18.9
장사 밑천의 감소	42	22.7
세외부담의 지속적 증가	27	14.6
합계	185	100.0

주: 복수 응답

로 살펴볼 수 있다. 2007년 이후 탈북자 본인이 개인 수공업이나 개인 상업, 각종 부업활동을 통해 벌어들인 현금수입은 대체로 정체 내지는 감소하는 경향이 관찰되었다. 표 3-7을 보면 알 수 있듯이 본인의 현금소득이 2007년 이후 많이 줄었다는 응답이 26명(30.6%)으로 가장 많았고, 그 다음으로 변화가 없다는 응답(24명, 28.2%)과 조금 줄었다는 응답(16명, 18.8%) 순이었다. 즉 많이 줄었든, 적게 줄었든 간에 소득이 감소했다는 응답이 절반 가까이 차지한 것이다.

현금수입이 감소한 이유는 다소 복합적이다. 표 3-8에도 나타나 있듯이 시장에 대한 단속이 심해졌기 때문이라는 응답(복수 응답 가능)이 48명

(26.0%)으로 가장 많았고, 그 다음이 장사 밑천이 감소했기 때문이라는 응답(42명, 22.7%)이었다. 그 다음으로는 물가상승에 따라 구매자 수가 감소했다는 응답(35명, 18.9%), 물건을 팔려는 사람은 늘었으나 사려는 사람은 제자리걸음이라는 응답(33명, 17.8%) 순이었다. 세외부담이 증가했기 때문이라는 응답은 27명(14.6%)으로 가장 적었다.[14]

(4) 시장에서의 퇴출

세외부담이 지속적인 압박으로 남아 있던 주민들에게 시장에 대한 단속 강화는 물가상승, 영업실적 부진 등의 결과를 초래했고, 직접적으로는 주민들의 장사 비용 상승이라는 결과를 가져왔다. 결국 이러한 제반 상황을 견디지 못한 일부 주민은 시장에서 퇴출되었다.

> "경제가 힘들다 보니 중간계층에서 국가 방침을 핑계 삼아 자신들의 배를 불리기 위해 단속을 많이 하였다. 그런데 단속하는 횟수도 늘어나고 단속기관과 단속원도 증가하여 더 많은 뇌물을 주어야 했기 때문에 생활고가 가중되었다. 또한 뇌물을 많이 주어야 좋은 자리에서 장사를 할 수 있어서 돈이 없거나 권력이 없는 사람들은 물건이 잘 팔리지 않는 곳에서 장사를 해야 했다. 결국 단속이 강화된 이후 망한 사람들이 늘어났다."(탈북자 J2 씨)

> "상인들 일부는 단속으로 인해 타격을 받았다. 내가 탈북할 시점인 2008년에는 남양시장[15] 매대의 3분의 1이 비어 있었다. 상품 유통이 잘 안 되는데, 여러 가지 제한들이 있으니까 이제는 물건 장사로 돈 벌기 어렵다며 다른 돈벌이로 방향을 전환하는 사람들이 증가한 것이다. 2006년까지는 중국과의 무역거래도 있고 장마당이 활성화된 반면, 2006년과 2007년부터는 단속도 심해지고 식량

---

14 이 경우 각 설문 문항의 현상들이 상호 독립적이지 않을 수 있다는 문제점이 있다.

15 함북 온성군 남양구 소재.

값도 오르고 소비자가 줄어들어 상품이 잘 팔리지 않게 된 것이다. 그래서 아예 장마당 매대를 비우는 사람들이 늘어났다."(탈북자 K4 씨)[16]

"순천에서 기름(휘발유) 장사를 하던 사람들이 많이 망했다. 2006년에서 2007년 사이에 70~80%가 망했다. 국가경제가 안 좋아지면서 개인들도 힘들어졌다. 가장 큰 원인은 외상 대금을 받지 못한 것이다."(탈북자 J2 씨)

그런데 장사를 하다 망한 사람들, 즉 시장에서 퇴출당한 사람들은 생활이 더욱 어려워지고 사회의 최하층으로 전락하고 만다.

"쌀 1kg을 2,500원 주고 사야 하는데 장마당에서 하루에 1,000원도 못 벌고 장세까지 내고 나면 장사로 생활을 유지하기 어렵다. 그래서 장마당에서 장사를 그만두고 산에 가서 콩 심고 농사지으려는 사람이 나타난다."(탈북자 D1 씨)

"장사를 하다가 망했다고 하자. 그런데 망해서 돈이 없어도 본인의 집이 있는 경우에는 돈주가 와서 자신의 물건을 팔아달라고 요청한다. 집을 담보로 해서 돈주들은 후불로 물건을 맡기고 장사꾼들은 돈주의 물건을 받아서 판매하는 것이다. 청진은 대도시이고 장사가 잘되는 곳이기 때문에 이러한 현상이 있는 것 같다."(탈북자 K7 씨)

"장사를 하다 망하게 되자, 하루 벌어서 먹고 사는 노동자로 전락하여 힘들게 사는 사람들도 있다."(탈북자 L3씨)

장사를 하다 망한 사람들 가운데는 자신이 살던 집을 빼앗기고 거리로 나앉는 경우도 적지 않아서 생활은 더욱 비참해진다.

---

16 물론 자신이 탈북할 시점에 자기 지역 종합시장 매대의 상인 수가 줄지 않았다고 밝힌 탈북자도 적지 않았다.

"장사를 해야 하는데 돈이 없으면 자기 집을 담보로 돈을 빌려 장사를 시작할 수 있다. 그런데 장사가 잘되지 않아 망했다고 하자. 그래서 빚을 갚지 못한다고 하면 돈을 빌려준 사람, 대개는 돈주이지만, 이들이 완력으로 집을 뺏는 경우가 종종 있다. 국가에서는 그런 행위를 금지하고 있지만 돈 있는 사람들은 힘이 있기 때문에 그걸 무시한다. 입사증을 뺏어서 자기 소유로 바꾸는 것이다. 이 또한 문건 놀음이 필요하다. 물론 그러다 보면 그 사람 이름으로 된 집들이 여러 채가 될 수 있다. 따라서 자기 아들이나 딸 이름을 걸어놓을 수 있고, 아예 다른 사람에게 팔기도 한다. 그런데 돈은 없어도 힘이 있거나 직위가 있는 사람은 집을 뺏기는 경우가 그렇게 많지 않다. 하지만 돈도 없는 데다 힘도 직위도 없는 사람은 그대로 앉아서 당한다. 다 뺏기는 것이다."(탈북자 L10 씨)

"장사를 하다가 망하는 사람들은 점점 늘어났다. 그럼 일단 집을 팔고 길거리에 나앉는다. 조금 더 작은 집으로 이사 가거나, 남의 집에서 셋방살이를 하거나, 창고에 들어가 산다. 가재도구를 팔아 돈을 마련해서 근근이 먹고 살기도 한다. 꽃제비로 전락하거나 아예 중국으로 도망가는 경우도 종종 있다. 아니면 여름철에 남의 집, 농사짓는 집에 가서 김을 매주고 한다. 겨울에는 산에 가서 나무를 해서 팔기도 하고, 석탄을 캐거나 산나물 뜯어서 팔고 한다. 도시는 오히려 낫다. 돈 많은 사람들에게 붙어서 살면 된다. 예를 들어 돈주의 집에 머슴처럼 들어간 경우도 있다. 아니면 회사에게 가서 막일을 하기도 한다. 상차나 하차 같은 것들. 물론 이 사람들은 고정된 일거리가 없다. 오늘은 이것 하고, 내일은 저것 하고, 닥치는 대로 눈앞에 보이는 대로 한다."(탈북자 K2 씨)

또 하나 주목해야 할 점은 시장에서 퇴출당한 사람 가운데는 최후의 수단인 범죄의 길로 접어드는 사람도 적지 않다는 것이다. 최근 몇 년간 범죄가 크게 늘었다는 사실은 인민보안성(남한의 경찰에 해당) 출신의 탈북자 L7 씨의 다음과 같은 증언에서도 확인할 수 있다.

"2005년만 해도 물가가 그렇게 높지 않았다. 그러나 그 이후 점차 물가가 많이 오르면서 사람들이 가지고 있는 돈도 없어지고 하다 보니 범죄가 많이 늘어났다. 심지어 농장원들도 범죄를 저지른다. 농장에서 근무해도 받는 돈이나 배급은 줄어들고 먹을 것이 없다 보니 도둑질을 할 수밖에 없다. 군대에서도 배급량이 줄다 보니 도둑질을 많이 한다. 아무래도 농촌보다는 도시에서 범죄가 많이 발생한다. 도시에서는 사기, 절도, 강도 등 모든 사건이 다 일어난다. 도시에서 근무하는 친구들은 더 바쁘다. 수시로 출동하느라 잠잘 틈도 없다. 도시에서의 도둑질이라고 하면 주로 집을 터는 것이다. 강도도 많다. 군인들도 자전거를 타고 가다가 빼앗기기도 하고 심지어 차를 타고 가다가 빼앗기는 사람들도 있다."(탈북자 L7 씨)[17]

2) 부익부 현상

(1) 시장의 초보적 독과점화

시장화가 진전됨에 따라 시장에서 초보적이나마 독과점 현상이 나타날 수 있는데, 북한도 예외는 아니다. 여기에다 시장에 대한 본격적인 단속은 독과점 현상을 확대·심화하는 작용을 한다. 이에 따라 돈 있는 사람은 돈을 더 많이 벌게 되는 부익부 현상도 심화되었다. 물론 부익부 현상은 빈익빈 현상과 독립적이지 않고, 오히려 빈익빈의 토대 위에서 부익부 현상이 심화되고 있다.

"나는 주로 평남 평성 등지에서 개인 수공업자들이 만드는 의류를 혜산으로 넘기는 일을 했다. 장마당에 앉아서 물건을 파는 사람은 수공업자로부터 직접

---

17 탈북자 K8 씨는 시장에 대한 본격적 단속 이후 종합시장 매대에 할머니들이 많이 등장함에 따라 이들을 노린 절도도 늘었다고 전하고 있다. "할머니들은 물건을 잘 팔지도 못하고 물건을 도둑맞기도 한다. 장마당 한 곳에는 꽃제비가 20명 정도 있다. 남녀가 함께 옷을 잘 차려 입고 다니다가 어느 좌판 앞에 서서 남자가 물건을 보는 척하면서 시선을 끌 때 여자가 물건을 옷 품에 감추는 식으로 도둑질을 한다. 할머니들은 보통 하루에 바지 하나, 상의 하나를 도둑맞는다"고 했다.

물건을 받기 어렵기 때문에 물건을 받는 사람이 따로 있다. 이 사람은 전문적으로 물건을 받는 사람이다. 그런데 내가 아는 어떤 사람은 한꺼번에 물건을 대량으로 구입하곤 했다. 돈이 많은 사람이었는데 시장을 독점하기 위해서 장마당에 없는 상품이나 판매가 잘되는 상품을 미리 수공업자로부터 통째로 받아서 되거리 장사(중개)를 한 것이다."(탈북자 K9 씨)

"특이한 옷을 '특가라'라고 한다. 남에게 없는 걸 가지고 있으면 특가라라 한다. 그런데 상인들이 이런 것을 많이 가지고 있으면 단골손님이 많아진다. 단골이 많으면 돈을 많이 버는 것은 당연하다. 그런데 특가라라고 하면, 대개 고가품일 것이라고 생각하기 쉽지만 반드시 그런 것만은 아니다. 실제로는 가치가 없어도, 얼핏 보면 비싸게 보이는 것이 있다. 그런 게 많이 남는다. 어떤 장사꾼들은 거짓말도 좀 하고 사기도 쳐서 특가라의 가격을 올려 받는다. 그것은 판매자 능력이다. 그런데 그런 물건들을 무역회사 같은 데서 받기 위해서는 돈이 많아야 한다. 돈이 많아야 특가라 같은 상품을 많이 받아서 영업을 할 수 있다. 결국 돈이 많아야 돈을 벌 수 있다."(탈북자 K11 씨)

"장마당에서 매대를 가지고 장사하다 망한 사람이 종종 나온다. 망했으니까 매대를 팔아야 한다. 이 경우 돈 많은 사람들이 매대를 사들인다. 나도 매대를 사서 들어갔는데 2007년에 매대를 살 때 55만 원을 주었다. 2003년에 국가가 배정해 줄 때는 2만 원 하던 것이었다. 불과 4년 만에 30배 가까이 오른 것이다. 그러니까 매대를 가지고 있는 사람은 돈을 번다. 가지고만 있어도 돈을 번다. 물론 한 사람이 매대를 여러 개 소유할 수 없기 때문에 다른 사람의 이름을 빌린다. 주로 가족이나 친척의 이름을 빌린다. 집도 마찬가지이다. 집을 사두기만 하면 가격이 다 올라간다. 돈이 있는 사람들은 그렇게 돈을 번다."(탈북자 K2 씨)

이러한 독과점화와 부익부 현상의 핵심 요소 가운데 전화의 존재는 매우 주목할 만하다. 즉 전화를 매개로 해서 돈 있는 사람들은 돈을 더 많이 벌게 되었다. 처음에는 상업에 대한 노하우를 체득한 사람들이 선구적으로 전화를 이용하였는데, 이후 시장에 대한 본격적인 단속이 시작됨에 따라 단속을 피하는 방편으로 전화를 활용하는 사람들이 크게 늘었다. 그런데 가정용 전화를 설치하려면 상당한 비용이 들기 때문에[18] 전화를 설치할 만한 돈이 있는 사람이 돈을 더 벌게 되는 부익부 현상이 심화되는 것이다.

"잘사는 사람들은 2007년부터 집에 전화를 놓기 시작했다. 장사에 이력이 생긴 상인들이 전화를 놓고 장사를 하기 시작한 것이다. 그래서 전화로 강원도, 함경북도, 평양 등 전국 각지의 가격을 알 수 있게 되었다. 예를 들어 쌀 가격이 A지역은 1,800원이고 B지역은 1,000원이면, 이제는 전화를 통해 두 지역 간의 가격 차이를 알 수 있게 된 것이다. 그래서 B지역은 쌀을 보름 또는 한 달 동안 보관하고 있다가 A지역에서 B지역으로 쌀을 사러 오면 가격을 올린다. 결국은 전국적으로 쌀 가격의 차이가 50~100원에 불과하게 되었고, 전체적으로는 가격이 상승하게 되었다. 그런데 집에 전화를 설치하는 비용이 엄청나다. 못해도 200~300달러는 한다. 그래서 오래전부터 장사를 해서 돈을 많이 모은 상인들만이 집전화를 설치할 수 있었다."(탈북자 D1 씨)

"달러 환율은 거의 매일 바뀐다. 내가 살던 원산에서는 돈 장사들이 평양에 있는 돈 장사들과 전화거래를 한다. 전화거래를 해서 환율이 얼마나 올라가겠다 하면, 평양에 있는 돈 장사들이 원산에 와서 돈을 뿌려서 걷어가고, 원산에 있는 돈 장사들이 평양에 가서 돈을 걷어가는 관계가 성립한다. 원산에서는 무역이 많이 이루어지다 보니 달러가 많이 유통된다."(탈북자 L10 씨)

---

18 전화 설치에 드는 비용은 체신소에서 집까지의 거리에 따라 다르지만, 청진의 경우 대개 북한 돈으로 70만 원에서 100만 원(2008년 기준)에 달한다고 탈북자 K7 씨는 전하고 있다.

"시장에 대한 시간제한 조치가 취해지면서 개인들은 집전화를 설치하기 시작했다. 각 시·군의 도매꾼들은 혜산시장 인근에 사는 해당 물품 판매원의 집으로 찾아가게 되었다. 판매원의 입장에서는 처음에는 도매꾼이 요구하는 물건을 몰랐으나, 이후 요구하는 물건을 확보해 주면서 자기 손님으로 만들었다. 그런데 한 해가 지난 후 이러한 양상은 또 바뀌게 되었다. 도매꾼들이 직접 오지 않고, 버스 운전수나 전문 달리기꾼[19]과 연계하여 혜산시장의 A씨에게 가라면서 자신이 요구하는 물건을 쪽지에 써서 전해주게 되었다. 그리고 판매원에게 전화로 누구에게 물건을 부탁했다고 알려주었다. 그러면 전화를 받은 판매원은 물건을 받기로 한 사람이 쪽지를 가져오면 물건을 전해주었다.[20] 이때부터 외상문서가 나오기 시작했다. 짐을 먼저 보내고 다음번에 돈을 받으면서 다음 물건을 또 전해 주는 방식으로 전개된 것이다. 이러한 흐름은 10명의 판매원에게 오는 도매꾼이 1명의 판매원에게 몰리게 만들었고, 그 결과 혜산시장 근처에 사는 사람들이 엄청난 부(富)를 얻게 되었다."(탈북자 K4 씨)

"시간제한, 품목 단속을 하면서 돈이 있고 전화가 있는 사람들 위주로 시장 판매원들이 재편되면서 시장은 자연히 독점화되어 갔다. 장마당 근처에 살고 전화도 있는 사람들은 시간제한이 있다 해도 실제로는 시간에 구애를 받지 않고 하루 종일 판매할 수 있었다. 반면, 집이 먼 사람들은 그 시간에만 나와서 장사해야 하므로 도매는 하지 못하고 소매만 하게 되어 수입이 줄어들고, 그러다 보니 점점 밑천이 바닥나 결국은 장마당에서 물러나게 되었다. 이것이 장마당이 독점화된 근본 원인이다."(탈북자 K4 씨)

(2) 부정부패의 확산

시장화의 진전은 국가 관리자들에게 사적 이익을 개입시킬 여지, 이른바 부정부패가 발생할 여지를 제공한다. 예를 들어 협동농장 관리자들이

---

19 전문적인 소규모 중간도매상을 가리킨다. 이들은 대규모 도매상인들로부터 물건을 건네받아 북한의 여러 지역을 돌아다니며 시장의 소매상인들에게 물건을 넘긴다.

20 평남 평성 출신의 탈북자 K10 씨도 이와 유사한 내용을 전하고 있다.

자신들 농장의 식량을 착복해서 시장에 팔아먹는 것이다.

"무역회사들은 쌀이 많이 나는 황해도 등에서 쌀을 들여온다. 무역회사들이 산지에서 시세보다 조금 낮은 가격에 들여와서 장마당 상인에 넘겨주면 다시 장마당 상인들이 마진을 조금 붙여서 판다. 거간꾼이 각 농장에서 쌀을 동원하고 모아서 평양에 넘기기도 한다. 아니면 협동농장 관리위원장, 리당 책임비서, 작업반장들과 짜서 쌀을 모을 수도 있다. 국가가 농장을 장악하고 상납하라고 하는데, 농장에서는 일부를 누락시켜 빼돌린다. 우선 관리위원회 위원장의 경우, 국가에서 영농 자재를 제공받는 것이 없으니 농장운영을 핑계로 일정량을 뗀다. 또 당비서도 일정 부분을 떼고 작업반장, 분조장 등이 다 일정 몫을 제한 후에 국가로 올라간다. 가을철이 되면 위에서 내려와 수확량을 실사한다. 한 평을 조사해 평균치를 예상하는데 이 사람들에게 잘 보이기 위해서 농장에서 대접을 융숭하게 하고 뇌물도 준다. 그러면 검사원들이 실제 예상치보다 낮게 수확량을 보고해 준다. 예를 들어 10톤 수확이 가능해 보여도 6톤 정도 수확할 수 있다고 보고한다. 그러면 나머지 4톤은 착복할 수 있게 된다."(탈북자 K8 씨)

이러한 착복 등 부정부패는 일반적인 생산현장 관리자보다 단속기관, 이른바 법기관에서 발생할 소지가 더욱 크다는 점에서 주목할 필요가 있다. 아울러 2007년부터 시장 단속이 본격화함에 따라 법기관 사람들의 부정부패가 더욱 기승을 부리게 되었음은 충분히 상상할 수 있다.

"메뚜기 장사라고 하여 장사하다 단속꾼이 오면 도망가는 식의 장사꾼들이 많았다. 장마당에 앉는 의자가 4,000석 정도 된다고 하면 그 주변에서 불법적으로 장사하는 사람들도 한 3,000석 정도 된다. 그런데 단속원들은 이 사람들에게도 장세를 걷는다. 그러면 공식적인 4,000명의 장세는 국가에 납부하고 3,000명 몫은 단속원들이 착복하는 것이다. 또 시장관리원들이 장마당 좌판에 정해진 정원 외에 더 많이 앉히는 경우도 있다. 관리원들과 안면이 있는 사람들이 자리 좀 마련해 달라고 하면 100달러 정도를 받고 기존 상인들의 자리를 좁혀서 앉을 자리를 내주기도 한다. 한 줄에 80개의 자리가 있다고 하면 어떤 경우에는 그곳에서 100명이 장사를 하기도 한다. 이 경우 20명의 자릿세는 당연히 시장 관리원의 호주머니로 들어간다. 물론 이 20명은 국가에 등록된 매대 상인이 아니다. 이런 식으로 장세의 착복이 이루어지기도 한다."(탈북자 K8 씨)

"솔직히 말해 북한에는 현재 국가무역이라는 것이 별로 없다. 외화벌이 기지 자체가 돈을 벌어 국가에 입금하라는 것이 원칙인데, 관리 시스템이 진부하여 누가 얼마를 벌어들였는지 정확히 알 수 없다. 1,000달러를 벌었다고 해도 문건상 400달러를 벌었다고 하면 끝나는 것이다. 그런데 벌더라도 보위부, 보안성 등 여기저기에 뇌물을 주고 나면 얼마 남지 않는다. 남는 돈보다 그 사람들에게 나가는 돈이 더 많다. 그러나 그런 사람들에게 뇌물을 주지 않으면 하루아침에 장사를 못하게 될 수도 있다."(탈북자 L8 씨)[21]

"낙지(남한의 오징어에 해당)잡이 선박을 운영하면서 해안경비초소나 보위부 등 담당 부서에서 뇌물을 바쳐야 했다. 여기저기 뇌물을 바치려면 하루에 다섯 두름씩은 필요하다. 우리는 현금보다는 현물로 바쳤다. 낙지 한 두름은 20마리인데, 돈으로 따지면 대충 얼마 정도 될까. 시가에 따라 다르지만 1kg에 1,700원 정도 했다. 1kg에 서너 마리니까 한 두름이면 8~9kg이고 다섯 두름씩 바치면 한 번에 5~6만 원 정도 빠지는 셈이다. 그러면 전체 수입 가운데 얼마 정도가 뇌물로 나가나. 낙지를 100kg 정도 잡았다고 하면 그중에서 75kg은 내가 가지고 나머지 25kg이 뇌물로 나간다. 그런데 또 내가 먹은 것 가운데서도 비용(기름값, 장화, 그물 등)으로 25kg이 나가고 50kg 정도를 순수하게 먹는다. 결국 매출액 기준으로 보면 25% 정도가 뇌물로 나간다고 보면 된다."(탈북자 J3 씨)

---

21 다만 "외화벌이를 하는 사람들은, 비록 뇌물 부담이 많다 하더라도 외화벌이를 하지 않는 사람들보다는 생활이 몇 배나 낫기 때문에 그런 자리라도 지키려 한다"(탈북자 L8 씨)는 측면도 있다.

일반적인 상행위, 시장경제활동을 하기 위해서는 단속기관에 뇌물을 바쳐야 하지만 불법적인 상행위, 특히 밀무역의 경우에는 뇌물이 필수적이고 그 규모도 결코 만만치 않다.

"우리 회사처럼 해상 밀수를 하는 경우는 뇌물을 바치는 게 일반적이다. 일을 편하게 하기 위해서는 해안경비대, 즉 경비정 또는 보위부 측과 가깝게 지내야 했다. 밀수를 하다 단속에 걸리면 몰수하는 것이 원칙이다. 따라서 적발되면 반 이상은 뇌물로 주어야 했다. 단속기관과 친해지기 전에는 시도 때도 없이 뇌물을 바쳐야 했지만 친해진 이후에는 단속을 할 때만 뇌물을 주었다. 중국을 한 달에 여섯 번 정도 다녔는데, 평균 열다섯 번에 한 번 정도 단속에 걸렸다. 서해상에서 중국 측과 밀무역을 하는 배가 1,000척이 넘기 때문에 모든 배를 단속하기는 어렵다."(탈북자 L8 씨)

"우리 같은 밀수꾼들은 평소에 법기관 사람들에게 뇌물을 바쳐야 한다. 그 사람들이 종종 우리한테 찾아와서 손을 벌린다. 예를 들면 가정의 대사가 있지 않은가. 결혼, 제사, 돌잔치, 환갑 때 상에다 바나나, 파인애플 같은 걸 놓는다. 우린 남방 과일이라고 하는데, 그런 것을 부탁한다. 그럼 어찌하겠는가. 밤 12시에 와서 도와 달라고 해도 해줘야 한다. 남한 사람들은 명절에 모두 즐거워하지만 우리 밀수꾼은 명절이 되면 근심이 앞선다. 이들은 시도 때도 없이 와서 이것 좀 해 달라고 부탁한다. 예를 들어, 내가 밀수를 해서 100원을 번다고 하면, 대략 30~40원은 법기관 사람들에게 뇌물로 간다. 혜산은 밀수꾼한테 붙어먹는 사람이 많다. 보위부, 보안성, 검찰서, 재판소, 심지어 군대까지 밀수꾼을 뜯어먹고 산다."(탈북자 L5 씨)

시장에 대한 본격적인 단속은 단속기관이 새로운 방식을 통한 부정부패를 발생시킬 수 있는 여지를 만들었다.

"단속에 걸리면 시장에서 장사하는 상인들은 물품을 몰수당하게 되어 있다.

그런데 단속원들은 이를 국가에 반납하는 것이 아니라 자신들의 호주머니를 채우는 데 이용한다. 상인들은 단속으로 물건을 빼앗기고 그 물건이 안전부에 보관되어도 안전부장이나 부부장에게 뇌물을 고여서 물건을 되찾을 수가 있다. 사람들의 시선이 있기 때문에 직접 뇌물을 주고 물건을 되찾지는 못한다. 분주소(남한의 파출소에 해당) 소속의 영치품 창고에 물건을 보관하면, 분주소 소장이나 아랫사람에게 연락을 하여 뇌물을 주고 물건을 되찾을 수 있다. 단속원들은 국가가 주는 돈만으로는 생활하기 어렵기 때문에 이런 비리를 저지른다. 한편 상인들로부터 몰수한 물건을 탄광, 광산과 같이 힘든 곳에 '우대상품'으로 보내주는 경우도 있다. 우대상품은 무상이나 저렴한 국정가격으로 공급해 주는 것이다. 본인의 몫을 챙기고 남은 부분을 보내는 것이다. 자신이 상인들로부터 회수한 물건인데 뇌물을 받고 돌려주어 결국 물건을 국가에 반납하지 않은 것이 국가에 알려지면 문제가 복잡해진다. 따라서 예컨대 90만 원어치 물건은 자기가 착복하고, 탄광과 같이 힘든 곳에 10만 원어치 물건을 보내고, 문건상으로는 100만 원어치 물건을 탄광에 보냈다고 작성하는 것이다."(탈북자 K9 씨)[22]

한편 단속의 본격화는 단속 주체는 아니지만 연관된 국가기관이 부정부패를 저지를 수 있는 새로운 여지를 제공하였다. 대표적인 것이 전화를 이용한 사례이다.

"당국이 가정용 전화(시외전화)에 대해 단속을 하기 시작했지만 돈이나 권력이 있으면 얼마든지 빠져나갈 수 있었다. 체신소나 전화국[23] 간부들에게 뇌물을 바치면 얼마든지 시외전화를 사용할 수 있었다. 전화에 대한 단속이라는 게 전화기를 회수하는 것이 아니고 통신망을 회수하는 것이다. 전화기는 개인 소유물이기 때문에 국가가 전화기를 빼앗지는 못한다. 대신 시외전화를 하지 못하도록

22 한편 탈북자들은 시장 단속을 하는 안전부(보안성) 간부들이 상인들로부터 몰수한 상품을 여타의 상인들에게 판매해서 그 판매대금(현금)을 착복하기도 한다고 전한다.

23 체신소는 각 구역에 있는 지점이고 전화국은 체신소를 통괄 관리하는 기관이다(탈북자 K8 씨).

체신소에서 차단하는 것이다. 하지만 전화국에 뇌물만 바치면 자신들이 알아서 조작해 집에서도 시외전화를 할 수 있게 해주었다. 체신소나 전화국 간부들도 뇌물을 받아야 자신들이 일부 착복하고 체신소 및 전화국 운영비를 마련할 수 있다. 그래서 공공연하게 뇌물을 받고 시외전화를 할 수 있게 조작해 주었다." (탈북자 L1 씨)

3) 정경유착형 부익부 빈익빈 구조

권력기관 사람들은 시장에 대한 단속을 적극 활용해 자신의 부를 축적하게 되었다. 즉 시장에 대한 단속은 단속을 당하는 사람들의 희생 위에 단속을 행하는 사람들을 더욱 살찌우는 방향으로 시장화의 구조를 바꾸어 가고 있다. 권력기관 사람들은 뇌물수수를 통해 부를 축적하기도 하지만, 단속 위에 군림하는 자신들의 초법적 지위를 이용해 종전보다 적극적으로 시장경제활동에 참여하면서 부를 축적하게 된 것이다.

"각 지역별로 전쟁예비물자로 관리하는 휘발유가 있다. 이 휘발유를 보안서, 검찰 등 법기관 사람들이 몰래 팔아먹는 경우가 종종 있다. 그런데 국방위원회 같은 곳에서 정기적·부정기적으로 검열을 나오면 각 지역의 법기관 사람들은 그 휘발유를 채우기 위해 우리 같은 휘발유 장사꾼들에 대해 돌아가면서 단속을 친다. 그래서 우리 휘발유를 빼앗아서 몽땅 거기에 채워 놓는다."(탈북자 S1 씨)

"나는 금·은 밀수업을 했다. 함남 함흥이나 강원 문천에서 물건을 받아, 혜산까지 가져와서 중국에 밀수출하는 것이다. 금·은 밀수는 단속에 한번 걸리면 바쳐야 하는 뇌물의 액수도 엄청나다. 잘못하면 통째로 몰수당하고, 심한 경우에는 총살까지 당한다. 금·은의 경우 일반 공업품 단속과는 차원이 다르다. 그러다 보니 권력기관과 더욱 밀착해야 한다. 또는 개인이 안전하게 운반하기 위해서 열차 승무원과 결탁하여 단속을 하지 않는 구호 화물에 물건을 실어서 운반하기도 한다. 구호 화물은 김정일에게 올라가는 각 지방의 특산물과 건강식품을 운송하는 열차인데, 여기에는 승무원 외에는 안전원이든 누구든 오르지 못한다. 때로는 단속을 하는 안전부 사람이 직접 운반해 주기도 한다. 즉 함흥 안전부에서 혜산 안전부로 출장 오는 안전원이 직접 운반해 주는 경우도 있다."(탈북자 L9 씨)

"법기관 사람들은 본인이 직접 장사를 할 수도 있지만 자신의 부인을 시켜 장사하는 경우가 많다. 한때 장마당에서 쌀장사를 강력하게 단속했을 때 법기관 사람들이 단속을 하기 직전에 쌀을 많이 사들였다. 그랬다가 쌀값이 갑자기 올라가니 그걸 풀어 놓아 돈을 많이 벌었다."(탈북자 K11 씨)

"큰 돈주들은 모두 권력과 결탁하여 장사를 한다. 그리고 단속을 할수록 돈주들은 돈을 더 벌기 때문에 이들은 단속을 선호한다. 통제가 심하지 않을 때는 물건을 공급하는 사람들이 많지만, 통제가 심해질수록 공급자는 줄어들고 결국 자신만 물건을 가지고 있게 된다. 그래서 물건의 단가를 높일 수 있고, 결국 단속으로 더 많은 돈을 벌 수 있는 것이다. 식량이 대표적이다. 통제를 시작하면 쌀값이 대폭 오른다. 그래서 통제한다고 하면 쌀 장사꾼들이 제일 좋아한다." (탈북자 K7 씨)

권력기관 사람들이 단속을 통해 시장에서 자신들의 지위를 더욱 우월적이고 유리한 지위로 변화시키는 또 다른 사례는 전화와 관련이 있다. 즉 일반주민들의 시외전화 사용에는 제한을 가해 놓고 권력기관 사람들은 사실상 자유롭게 시외전화를 쓸 수 있게 함으로써 시장에서 독과점자로서의 지위를 구축하는 것이다.

"국가는 2007년 말부터 집전화 설치를 제한하였다. 그런데 이러한 제한 조치로 인해 여느 장사꾼에 비해 권력이 있는 사람들에게 또 돈이 몰리게 되었다. 왜냐하면 규정상에 타 도(道)로 전화를 할 수 있는 대상이 있었기 때문이다. 남편이 사업상 집에 와서도 전화를 해야 하는 경우, 즉 집에서도 자기 사업을 해야 하는 경우가 그 대상이었다. 그래서 남편이 권력이 있는 경우에는 타 도로 전화를 할 수 있다. 집에서도 전화를 사용할 수 있는 신분의 사람, 즉 권력이 있는 사람들은 그러한 규정을 이용하여 장사를 잘 했다."(탈북자 K4 씨)

"2008년 4월, 5월부터 시외전화(빛섬유전화)에 대한 제한이 가해졌다. 하지만 힘 있는 사람들은 여전히 시외전화를 할 수 있었다. 기업소나 기관의 전화번호를 받아서 집에서 사용하는 방법으로 시외전화를 할 수 있었다."(탈북자 L1 씨)

결국 단속의 본격화로 인해 돈과 권력의 결탁은 확고하게 되었다. 돈주들도 권력과 결탁하지 않고서는 상행위를 할 수 없게 된 것이다.

"대도시에서 큰 장사를 하는 사람들은 회수당한 물건을 되찾지 못해서 한 번의 단속으로 망하는 경우도 있다. 법기관과 결탁하지 않은 상황에서 단속을 당하면 타격이 상당해서 아예 일어나지 못한다. 큰 빚을 지고 법적으로 집까지 빼앗기는 등 큰 장사를 하다가 망한 사람들의 상황을 목격한 적이 있는데 정말 끔찍하다. 그러니까 한두 번 망한 이후에는 단속을 당하지 않기 위해 법기관에 있는 사람과 같이 사업을 한다. 그러면 그 이후에는 마음 놓고 장사를 한다."(탈북자 K10 씨)

"예를 들어 컨테이너를 가지고 신의주에 있는 세관에 가서 물건을 받아오는 경우가 있는데, 법기관과 결탁하지 않은 사람들은 혼자 이렇게 큰 장사를 하기 어렵다. 절대 힘들다. 큰 장사를 하는 사람들을 살펴보면 법기관의 중책에 잘 아는 사람이 있거나 그런 사람들과 합영을 한 경우다. 그렇지 않고 권력 없이 돈 하나 가지고 이렇게 큰 장사를 한다는 것은 있을 수 없다."(탈북자 J2 씨)

"권력 없이 장사하기란 어렵다. 최근 몇 년 동안 잘된 장사와 잘되지 않은 장

표 3-9 2007년 이후 정경유착형 빈부격차의 확대 현상 (단위: 명, %)

설문 문항		매우 그렇다	조금 그렇다	그렇지 않은 편이다	전혀 그렇지 않다	합계
권력이 있는 사람들 혹은 그들과 연결된 사람들이 더 잘살게 되었다	응답자 수	125	61	5	1	192
	비율	65.1	31.8	2.6	0.5	100.0
빈부격차가 더욱 확대되었다	응답자 수	126	58	7	1	192
	비율	65.6	30.2	3.7	0.5	100.0

사가 있는데 돈 장사는 가장 잘된 장사에 속한다. 알짜배기 장사인 것이다. 그런데 돈 장사는 다 법관 또는 간부들이 한다. 이들이 직접 장사를 하는 것은 아니고 아내나 친척 형제들이 장사하는 것이다."(탈북자 K9 씨)

"요즈음의 장사는 권력과 돈이 동반된 것이다. 권력 없이 돈을 벌 수 없는 상황이다. 단속이 강화될수록 돈과 권력이 더욱 결탁한다."(탈북자 K4 씨)

시장에 대한 단속으로 인해 권력을 가지고 있는 사람이나 권력자와 밀착된 사람들이 더 잘살게 되는 것은 탈북자들이 이구동성으로 전하는 바인데, 이는 설문조사 결과에서도 확인할 수 있다. 표 3-9가 보여 주듯이, 2007년 이후 권력이 있는 사람들 혹은 그들과 연결되어 있는 사람들이 더 잘살게 되었느냐는 질문에 대해 탈북자들의 대다수가 '그렇다'고 대답했다. '매우 그렇다'는 응답(125명, 65.1%)이 압도적으로 많았다는 점은 특기할 만하다. 2007년 이후 빈부격차가 더욱 확대되었는지 여부를 묻는 질문에 대해서도 '매우 그렇다'는 응답(126명, 65.6%)이 가장 많았다는 점도 눈길을 끈다.

5. 요약 및 결론

지금까지의 정량적·정성적 분석 결과는 북한의 시장화, 나아가 북한 경제 연구에 몇 가지 새로운 논점을 제시한다. 물론 주로 탈북자 인터뷰와 설문조사 결과에 근거한 것이기 때문에 이는 매우 제한적으로 해석되어야 한다. 아울러 이 글의 결론도 매우 잠정적인 것이다. 이러한 점을 대전제로 해서 이 글의 논의를 간단히 정리하기로 한다.

우선 2007년부터의 시장에 대한 본격적인 단속으로 대표되는 시장억제 정책은 성공인가, 실패인가. 물론 이에 대한 답은 간단치 않다. 나름대로의 성과가 없지는 않다. 종합시장과 개인사업체에 국한시켜 보면 외관상으로는 시장이 다소 축소된 듯이 보인다. 시장의 개장 시간과 참여자, 거래되는 물품도 다소 줄어든 것으로 볼 수 있다. 상행위를 하는 주민들도 일부 타격을 받은 것 같고, 돈주나 법기관 사람들도 다소 위축된 듯이 보인다. 특히 생계형 시장경제활동보다는 부의 축적형 시장경제활동이 다소 타격을 받은 것으로 보인다.

하지만 이는 단속하는 사람들의 눈에 보이는 공간에 한한 이야기이다. 눈에 보이지 않는 공간에서 시장은 여전히 유지되고 있으며, 일부는 더욱 활기를 띠고 있다. 종합시장의 안과 밖, 특히 암거래까지 포함하면 시장 참여자와 거래 물품은 종전과 큰 차이가 없다. "위에서 정책이 있다면 아래에는 대책이 있다"는 말처럼 주민들은 갖가지 아이디어를 짜내어 단속을 피해 가고 있다. 결국 단속이 성과를 거두는 데에는 한계가 있다.

문제는 단속의 파급효과이다. 설령 단속이 없었다 해도 시장화가 진전되면 부익부 빈익빈 현상은 심화되기 마련이다. 시장은 완전경쟁에서 독과점으로 점차 바뀌게 마련이다. 그런데 단속은 이러한 시장 초보적 독과점화와 부익부 빈익빈 현상을 확대·심화시키는 계기로 작용하고 있다.

이른바 세외부담의 지속적인 증가로 일반 주민들은 상행위로 생기는 수익을 국가와 중간관리층에 수탈당하다 보니 생계에 계속 압박을 받고 있었다. 여기에다 단속의 본격화는 주민들의 상행위 비용을 증가시키는 결과를 가져왔다. 뇌물을 주고 단속을 피해 갈 수는 있지만 뇌물의 증가는 상행위 비용 상승을 의미하고 이는 수익성을 더욱 악화시켰다. 결국 시장에서 퇴출당한 일부 주민들은 사회의 최하층, 특히 일용노동자로 전락하고 있다.

돈 있는 사람이 더욱 돈을 버는 구조에서 단속까지 겹치다 보니 돈주를 비롯한 상층부 상인들에 의한 부의 집중, 부의 집적 현상은 더욱 두드러지게 되었다. 사실상 이들은 단속의 수혜자라고 할 수 있다. 특히 시장에서는 경쟁자들을 제어하면서 자신들의 독과점적 지위를 더욱 공고히 하게 되었다.

단속은 권력층, 특히 중앙당, 인민무력부, 인민보안부, 국가안전보위부, 검찰소 등 이른바 법기관 사람들의 행태에도 변화를 초래하였다. 이들은 단순한 뇌물 수여자에서 한 걸음 더 나아가 돈주와 결탁하거나 자신(엄밀히 보면 자신의 배우자, 부모, 형제 등 가족과 친척)이 직접 상인으로 나서게 되었다. 물론 단속 이전에도 직접 시장경제활동을 하기도 했지만 단속은 이들에게 우월적 지위에서 시장경제활동을 영위할 수 있는 공간을 제공한 것이다.

그러면서 돈과 권력의 결탁은 더욱 현저해졌다. 권력과 연계된 일종의 정경유착형 부익부 빈익빈 구조가 구축되고 공고해진 것이다. 이것이 시장억제정책의 파급효과이며, 북한 지도부가 전혀 의도하지 않은 결과이기도 하다. 동시에 단속이 초래한 북한 시장화의 구조적 변화의 요체라고 할 수 있다.

그렇다면 왜 정경유착형 부익부 빈익빈 구조가 만들어지는가? 크게 보아 다음의 두 가지를 지적할 수 있다. 첫째, 북한에서 시장의 제도화 수준이 높지 않기 때문이다. 특히 시장경제활동은 불법과 합법이 뒤엉켜 있기 때문에 당국의 통제 자체도 언제든지 가능하고, 여기서 권력기관과 중간 관리층의 자의성 및 부정부패, 비리가 위력을 발휘할 수 있다. 둘째, 국가 재정이 부족하기 때문이다. 이른바 법기관으로 대표되는 권력층이라고 해도 자신들의 기관 운영에 필요한 자금을 국가가 제대로 공급해 주지 못하는 상황에서는 기관의 운영자금 마련을 빌미로 개인적 비리가 파고들 소지가 충분히 있다.

한편 정경유착형 부익부 빈익빈 구조는 북한 사회에 작지 않은 파급효과를 가져올 것으로 보인다. 우선 국가의 재정수입에 대해서 악영향을 미칠 것이다. 주민들은 종전보다 더욱 많이 수탈당하지만 이것이 국가 재정수입의 확대로 이어지지는 않고 중간 단계에서 유출되는 것이 훨씬 많아지기 때문이다. 특히 잉여가 공적 영역으로 이전되는 것이 아니라 사적 영역으로 유출되는 것이 늘어난다. 아울러 부정부패의 심화를 동반하는 정경유착형 부익부 빈익빈 구조는 국가 운영 시스템의 와해를 가속화시킬 것으로 보인다. 당정 관료들은 공적 이익보다는 사적 이익을 추구하는 경향을 더욱 뚜렷하게 나타낼 것이다.[24] 아울러 빈익빈 구조 아래 시장경제 영역에서 퇴출되는 사람이 늘어나고 이는 각종 범죄의 증가로 이어지는 등 북한 사회의 불안정성을 심화시키는 요인으로 작용할 것으로 보인다.

---

24 시장 단속의 효과에 대해 "국가의 입장에서 보면 단속의 효과가 없다고 생각한다. 돈이 국가에 들어가는 것도 아니기 때문에 뇌물수수만 늘어날 뿐 국가에게 금전적으로 도움이 되는 것은 없을 것이다"라는 탈북자 J1 씨의 견해는 주목할 만하다.

제4장

시장화에 대한 북한 정부의 관리가능성 평가:
시장화 촉진기와 억제기의 비교를 중심으로

1. 서론

2007년부터 본격적으로 전개된 바 있는, 북한 정부의 대대적인 시장 단속은 연구사적으로 많은 논점을 던져 주고 있다. 바로 앞 장에서 보았듯이 이러한 단속이 소기의 성과를 거두고 있는지, 아니면 한계가 있는지 여부, 아울러 어떠한 파급효과를 가져오고 있는가 하는 문제는 보다 직접적인 이슈라고 할 수 있다.

시야를 넓히면 보다 많은 논점이 제기된다. 예컨대 시장화에 대한 북한 정부의 의지가 후퇴한 것인지, 북한 경제가 7·1 조치 이전의 상태로 회귀하는 것인지 의문을 제기하게 된다. 이는 7·1 조치가 등장한 지 10년 가까이 되는 시점에서, 이 조치에 대한 재평가 작업과도 맞물린다.

더욱이 북한 시장화의 현주소를 진단하고 미래를 전망함에 있어서 매우 중요한 또 하나의 논점을 도출할 수 있다. 즉 북한 정부는 시장화를 어떻게 보고 있는가, 나아가 북한 정부가 시장화를 관리할 수 있는가 하는 점이다. 특히 북한 정부는 시장화의 속도와 범위, 수준을 자신의 의지대로 조절할 수 있는가, 조절할 수 있다면 어느 정도인가 하는 점이다. 이는 달리 보면 시장의 확대를 관리 가능한 범위 내로 묶어 둘 수 있는지 여부의 문제이기도 하다. 이는 여타 사회주의 국가들의 경험과도 구별되는 북한 시장화의 특수성을 도출하는 작업일 수도 있다.

물론 북한 시장화의 미래상을 조망함에 있어서 정부의 의지와 능력이 결정적으로 중요한 변수인지 여부를 둘러싸고 논란이 빚어질 수도 있다. 그럼에도 불구하고 최소한 현상적으로 볼 때 정부정책이 북한의 시장화에 있어서 무시할 수 없는 변수라는 데 이견을 제시할 사람은 없을 것이다.

시장화에 대한 북한 정부의 관리 가능성 문제는 매우 복잡하고 어려운 문제인 만큼 여러 측면에서 다양한 방식의 접근이 필요하다. 이 장에서는 북한의 시장화 촉진기(2002~2006)와 시장화 억제기(2007~2009)[1]를 비교분석하는 방법을 택한다. 북한에서 두 시기의 정부정책과 현실의 상황을 비교해 보고 그 함의를 도출하여 시장화에 대한 정부의 관리 가능성에 대해 평가해 보기로 한다. 물론 이와 같은 주제에 대해 충분한 답을 제공하기 위해서는 보다 다양한 접근이 필요하지만 이 장은 하나의 측면에 초점을 맞춘 시론적 연구로 국한시키고자 한다.

자료로는 북한의 공식 문헌, 한국 NGO와 탈북자 단체의 대북 소식지, 탈북자 면담 결과 등을 이용한다. 특히 정성적 분석을 위해 탈북자 설문조사 결과를 이용하는데, 이는 앞 장에서 활용한 탈북자 설문조사와 동일한 조사에 근거한 것이다.

---

1 시장화 억제기는 엄밀하게 따지면 2010년 1월까지로 볼 수 있다. 북한 정부는 시장에 대한 대대적인 단속으로 대표되는 시장화 억제 정책을 2010년 2월부터 철회한 것으로 전해지고 있다.

2. 시장화 촉진기와 억제기의 정책 비교

1) 시장화 촉진기의 정책

1998년 김정일 체제가 공식 출범한 이후 북한 당국은 경제위기로 인한 내부적 혼란, 특히 암시장의 창궐에 따른 경제·사회적 질서의 동요를 수습하고 체제·제도 정비에 나서기 시작하였다. 대내적으로는 1998년부터 커다란 정책적 기조로서 이른바 실리주의와 실리사회주의를 내세웠고, 2001년부터는 이른바 '신사고'를 내세웠다. 대외적으로는 1999년부터 대외관계 개선에 적극 나섰고, 2000년에는 남북정상회담을 개최하였다.[2] 이러한 흐름 속에서 2002년 7·1 조치가 등장했고, 이어 몇 년 동안 후속 조치가 등장하면서 제도적 정비는 일단락되었다(표 4-1 참조).

7·1 조치는 여러 내용과 의미를 담고 있지만, 크게 보아 계획경제 내 개선조치와 시장경제 메커니즘의 부분적 도입으로 구분할 수 있다. 이 가운데 계획경제 내 개선 조치의 성격을 띠는 것들은 가격과 임금, 환율의 대폭적인 인상, 기업의 경영자율권 확대, 독립채산제의 본격 실시, 노동 인센티브의 확대 등이다. 시장경제 메커니즘의 부분적인 도입은 달리 보면 시장화를 촉진하는 조치로, 다음과 같은 것을 꼽을 수 있다.

먼저 2002년에 기업의 실적을 평가하는 지표로서 '번 수입 지표'를 신규 도입하였다. 이를 통해 기업에 대해 계획 외 생산과 계획 외 유통을 허용함으로써 사실상 기업의 시장경제활동을 용인한 것이다. 아울러 '사회주의 물자교류시장'을 새로 도입함으로써 생산재시장을 최초로 공식 허용하

2 그리고 7·1 조치를 실시한 지 2개월 만인 2002년 9월에 고이즈미 일본 총리와 김정일 위원장의 정상회담이 성사되었고, 같은 시기에 신의주 특별행정구 설치가 발표되었다. 아울러 7·1 조치를 실시한 지 4개월 만인 2002년 11월에 '금강산관광지구법'과 '개성공업지구법'을 공표하였다.

표 4-1 7 · 1 조치와 후속 · 관련 조치의 주요 내용

구분	7·1 조치	후속·관련 조치
가격 · 임금 · 환율	- 물가(25배), 임금(18배), 환율(70배) 인상 - 소비재 무상 급부제 폐지 - 각종 보조금의 축소 또는 폐지	- 종합시장 등에 외화환전소 설치 (2003)
재정 · 금융	- 거래수입금 폐지 - 국가기업이득금 신설 - 토지사용료 신설	- 종합시장의 시장사용료, 국가납부금 신설(2003) - 인민생활공채 발행(2003) - 징세기관인 집금소 설치(2003) - 토지사용료를 부동산사용료로 확대 개편(2006) - 중앙은행법 개정(2004) - 상업은행법 제정(2006)
농업	- 곡물수매가 인상(50배)을 통해 농민의 생산의욕 고취 - 국가수매량 축소 - 농장의 경영자율성 확대	- 일부 협동농장에서 포전담당제 시범 실시(2004)
기업	- 번 수입 지표에 의한 실적 평가 - 독립채산제 본격 실시 - 지배인 권한 강화 - 기업의 경영자율성 확대 - 노동 인센티브 강화	- 일부 공장 · 기업소를 대상으로 기업 경영자율성을 대폭 확대한 기업개혁조치 실시(2004)
상업 · 유통 · 서비스		- 종합시장 개설(2003) - 일부 국영 상점을 수매상점으로 전환(2003) - 사실상 개인의 식당, 서비스업 허용(2003)
대외경제관계	- 무역의 분권화 확대	- 신의주 특별행정구 지정(2002. 9) - 금강산관광지구 지정(2002. 10) - 개성공업지구 지정(2002. 11)

자료: 통일부 · 통일연구원(2005)을 토대로 작성.

였다. 김정일 위원장의 지시로 등장한 사회주의 물자교류시장은 공장·기업소 간에 과부족되는 일부 원자재와 부속품을 유무상통하고, 생산물의 일정 비율을 자재용 물자 교류에 사용할 수 있도록 한 것을 골자로 한다.

나아가 2005년에는 또 다른 형태의 생산재시장인 '수입물자 교류시장'을 개설하였다. 그 대표적인 것이 북한과 중국의 기업이 공동으로 운영하는 '보통강 공동 교류시장'으로서 이는 수입품의 도·소매 시장이라 할 수 있다. 요컨대 국가계획시스템에 의해 정부가 기업에게 원자재 등을 보장해 주는 데 한계가 있다는 현실을 인정하고 그 공백을 시장을 통해 메우라고 허용한 것이다.[3]

소비재시장으로는 2003년 3월부터 공식 도입된 종합시장이 대표적이다. 이는 '농민시장'이라는 기존 명칭을 '시장'으로 바꾸고, 유통 물자의 범위도 종전의 농토산물에서 탈피해 식량과 공업제품으로 대폭 확대한 것이다. 국가가 정한 한도가격이 있지만, 이는 시장의 수급 상황을 거의 다 반영하는 사실상의 시장가격이다. 이와 관련하여 정부는 기존의 농민시장을 현대식 건물로 단장하는 한편 새로운 시장을 건설하도록 했다. 또한 개인뿐 아니라 국영 기업소와 협동단체도 종합시장에서 상품을 구매하거나 판매할 수 있도록 허용하였다. 이와 함께 '개인 부업'이라는 명목으로 개인 수공업자들이 만든 상품도 종합시장에서 거래될 수 있도록 하였다.

아울러 국영 상점을 사실상 시장으로 전환하는 조치를 취하였다. 즉, 국영 상점의 (위탁)수매상점화이다. 이는 국가공급체계의 와해로 기능이 마비된 일부 국영 상점을 기관·기업소에 임대·분양하고 임대료를 징수하는 이른바 (위탁)수매상점으로 전환하는 것을 말한다. 여기서 국영 상점을 임대 형식으로 인수·운영하는 주체는 무역회사를 비롯한 각종 기관·기업소이다. 특히 무역회사들이 국영 상점을 인수해 수입 상품을 판매할 수 있도록 허용하였다. 경우에 따라서는 일부 자금력이 있는 개인이 기관·기업소의 명의를 빌려서 실질적으로 운영할 수 있도록 했다. 나아가 상점뿐 아니

3 사회주의 물자교류시장, 수입물자교류시장 등 북한의 생산재시장은 정부가 국영 기업을 대상으로 개설한 공식적인 시장이다. 북한의 공식 학술지인 『경제연구』에서 이를 밝히고 있다. 운영 실태에 대해서는 예컨대 양문수(2010: 239-244)를 참조할 것.

라 식당, 목욕탕, PC방, 당구장, 가라오케 등 서비스업체도 기관·기업소의 명의를 빌려 개인이 운영할 수 있도록 했다. 소규모 서비스업체에 대해 법적으로는 아니라고 해도 사실상 사유화를 인정한 것이다.

정부는 직접적으로 시장화를 촉진시키기 위한 정책적 조치를 취하면서 때로는 의도적으로, 때로는 결과적으로 시장화를 간접적으로 촉진한 정책들도 내놓았다. 그러한 정책으로는 상품화·화폐화의 진전, 교통·통신의 발달, 재산권의 법적 보호 등을 들 수 있다.[4]

그 세부적인 내용을 살펴보면, 우선 상품화·화폐화와 관련하여 계획 외 생산의 허용은 시장 판매를 위한 상품 생산의 확대를 의미한다. 또한 기관과 기업소 간 거래에서 기존의 무상 거래가 유상 거래로 전환되었다. 이른바 "모든 것을 돈으로 계산하고 평가하는 체계의 확립"[5]을 의미하는 것이다. 아울러 소비재 무상급부제를 사실상 폐지함에 따라 현물임금에서 화폐임금으로 전환한 것과 기업의 현금보유를 허용한 것은 결국 화폐화의 진전을 의미한다. 이제 기업도, 노동자도 생존을 위해서 화폐를 축장(蓄藏)할 강력한 유인이 발생한 것이다.

교통 분야에서는 이른바 '서비차' 활동의 허용이 대표적이다. 서비차란 군대, 보안성, 국가안전보위부, 공장 등 각 기관·기업소에 소속된 차량을 말하는데, 영업용으로 공인된 차가 아니라 각 직장 단위에 소속된 차량으로, 차비를 받고 사람들을 대도시 중심으로 특정 지역까지 이동시켜 주는 역할을 한다. 정부는 각 기관·기업소에 대해 철저한 독립채산제를 실시한다

---

4 제도적인 의미에서 볼 때 시장은 가격 기구만을 가리키는 것이 아니다. 시장은 우리가 시장요소라고 부르는 제도적 특징들의 연결체이다. 그 요소들이란 물리적으로 존재하며 재화를 확보할 수 있는 장소, 공급자, 수요자, 관습 또는 법 등이다. 그리고 근대사회에서는 상품과 화폐가 중요성을 가진다. 상품화·화폐화의 진전은 시장화의 중요한 조건을 형성하면서 시장화를 촉진하는 동시에 시장화도 상품화·화폐화의 진전을 촉진하는 측면이 있다(양문수, 2005: 6-7).

5 『조선신보』, 2002. 11. 22.

는 명분으로 사실상 운수영업을 허용하였다. 통신 분야의 경우 가정용 전화와 휴대전화의 허용이 시장화의 촉진에 큰 역할을 했다. 대체로 2003년부터 평양, 함흥, 청진 등 대도시를 중심으로 일반인도 돈만 있으면 집에 가정용 전화를 설치할 수 있게 되었다고 한다. 또한 2002년 말 평양시와 라선시에 이어 2003년 9월부터는 각 도 소재지 등을 중심으로 휴대전화가 개통되었다.

법률 분야에서는 1998년 헌법 개정을 통해 경제운영에 시장경제원리를 일부 도입했고, 특히 생산수단의 소유주체와 개인 소유의 범위를 확대하였다. 이후 북한 정부는 민법·상속법·형법 등을 개정함으로써 개인의 재산권을 국가가 보호하고, 소유권 침해에 대한 처벌을 강화하였다. 다만 시장화의 촉진과 함께 체제 단속을 강화하는 조치를 취하였다.

한편 7·1 조치와 후속 조치의 의미는 기존의 '밑으로부터의 시장화'를 공식 제도 내에 일부 수용한 것, 즉 기존에 암시장의 창궐로 인해 현실과 공식 제도의 간극이 크게 확대되고, 이에 따라 각종 사회·경제적 부작용이 속출한 데 대한 정부의 대응이라는 것 이상의 의도와 의미가 있음에 주목해야 한다. 요컨대, 시장을 활용하고자 한 것이다. 시장경제활동을 공식적으로 인정하고, 더욱이 시장경제활동을 적극 장려하여 시장경제 영역에서 보다 많은 잉여가 발생하게 하고, 그 잉여를 국가와 계획경제 부문이 조세의 형태로 수취해 가는 방향으로 경제구조를 재편하기 시작하였다. 여기서는 7·1 조치 이후 개편 또는 신설된 각종 국가납부금 및 사용료 제도, 즉 새로운 세원의 발굴을 통해 재정수입을 확대하려는 노력이 핵심적인 역할을 한다. 이러한 요인들이 복합적으로 작용하여 시장화에 대한 북한 정부의 정책 기조는 7·1 조치를 계기로 종전의 '묵인'에서 '촉진'으로 크게 변화하였다.

2) 시장화 억제기의 정책

2007년부터 본격화된 시장에 대한 단속과 통제는 다방면에 걸친 것이라는 특징이 있다. 우선 종합시장의 매대 상인을 대상으로 상행위(장사) 연령, 상행위 시간과 장소, 상행위 품목 등에 대한 제한 조치가 지속적으로 취해졌다. 종합시장 이외의 시장경제활동에 대해서는, 예컨대 서비차(버스) 운행에 대한 제한, 서비스업 개인투자활동에 대한 제한, 무역회사의 구조조정 같은 조치가 단행되었다. 아울러 각종 검열을 통해 돈주와 당정 간부에 대한 처벌도 이루어졌다.

나아가 2009년부터는 종합시장의 물리적 폐쇄, 즉 농민시장으로의 환원도 시도되었다. 주민들의 반발 때문에 시행이 연기되기는 했지만 2009년 1월부터 전국의 시장을 농민시장으로 개편한다는 방침을 발표한 바 있다. 5월부터는 150일 전투와 100일 전투를 추진하면서 주민들의 시장경제활동에 실질적인 타격을 가하고자 했다. 6월에는 북한의 대표적인 전국적 도매시장인 평성시장에 대해 폐쇄 결정을 내렸다. 이어 11월 말에는 화폐개혁을 전격적으로 단행하면서 보다 업그레이드된 시장억제정책을 시도하였다. 즉 화폐교환을 통해 부유층, 대상인, 중간상인 등 현금을 다량으로 보유하고 있는 계층의 현금을 환수해 상행위와 시장경제활동의 재정적 기반을 대폭 축소함으로써 실질적으로 시장과 시장경제활동을 크게 위축시키는 효과를 기대하였다. 아울러 이들로부터 환수한 현금을 노동자들에 대한 임금 지급, 협동농장 농장원들에 대한 현금분배의 재원으로, 즉 주민들을 시장에서 일터인 공장·기업소, 농장으로 복귀시키는 유인책으로 활용하고자 했다.

특히 『조선신보』는 북한 중앙은행 관계자와의 인터뷰를 통해 화폐개혁의 주된 목적의 하나가 계획경제의 복원과 시장억제라는 점을 명시적으로 밝히고 있다. "앞으로는 경제활동의 많은 몫이 시장이 아니라 계획적인 공급유통체계에 따라서 운영되게 되며, 이렇게 되면 계획경제 관리질서를 더욱 강화할 수 있는 것으로 예견하고 있다"는 것이며 "국가의 능력이 강화됨에 따라 보조적인 공간의 기능을 수행하던 시장의 역할이 점차적으로 약화될 것으로 보고 있다"[6]라는 것이다.

이와 관련하여 북한 내각에서는 각 성, 기관들과 도·시·군당에 대해 2010년 1월 14일부터 종합시장을 종전의 농민시장으로 환원한다고 발표하였다.[7] 즉 매일 열리고 농토산물뿐 아니라 식량과 공산품의 판매도 허용되던 종합시장 제도를 폐지하고, 열흘에 한 번씩만 열리고 식량을 제외한 농토산물만 판매할 수 있는 과거의 농민시장 제도로 복귀한다는 내용이다. 농민시장 제도를 2009년 1월에 실시하고자 했으나 주민들의 반발로 연기되었던 것을 1년 만에 재추진한다는 것이다.[8]

한편 이러한 시장화 억제기의 대표적인 정책인, 시장에 대한 단속은 주로 소비재시장인 종합시장을 대상으로 한 것이라는 점에 유의할 필요가 있다. 물론 서비차 운행, 가정용 전화와 휴대전화, 서비스업 개인투자활동 등에 대해서도 제한 조치가 취해졌지만 종합시장에 대한 단속과 통제만큼 대대적·지속적으로 이루어진 것은 아니었다. 무역회사에 대한 통제라고

---

6 조선중앙은행 조성현 책임부원의 발언, 『조선신보』, 2009. 12. 4(『통일뉴스』, 2009. 12. 7에서 재인용).

7 그 이전에 북한 정부는 지난 2009년 평안남도 평성시장을 폐쇄한 데 이어 2010년 3월에 청진의 수남시장을 폐쇄한다는 방침을 정한 바 있다. 수남시장은 평성시장과 함께 북한의 대표적인 도매시장이다. 2010년 12월 말, 내각의 조치로 2011년 3월 말부터 청진 수남시장의 운영관리를 중지해, 사실상 시장을 폐쇄할 것을 결정했다(좋은벗들, 『오늘의 북한소식』 322호, 2010. 1. 6).

8 종합시장 운영 금지 조치에 이어 무역회사 해산 조치가 또다시 취해졌다. 이른바 돈주를 비롯하여 국내 상인과 결탁해 종합시장 등지에 물품을 공급하는 과정에서 부정부패와 탈법행위가 성행했던 무역회사와 상인들의 연결고리를 끊겠다는 취지이다. 그렇게 해야만 시장의 기반을 실질적으로 약화시킬 수 있다고 보았기 때문이다. 규모가 작은 회사는 없어지거나 더 큰 단위에 합병되는 등 구조조정이 진행되었다. 북한 정부는 무역성에서 직접 관할하는 외화벌이 회사에 대해서만 대외무역을 허용한다는 방침을 내렸다.

표 4-2 농민시장(암시장)에 대한 상품 공급 경로

구분	공급 물품의 취득 과정	물품 취득 과정의 합법 여부	농민시장 유통의 합법 여부
개인 보유 자산	개인이 원래 보유하고 있던 자산 (의류, 식기, 가구 등)	합법	불법
개인 차원의 생산물	텃밭 생산 농산물	합법	합법
	개인 부업 농축산물	합법	합법
	협동농장 부업 생산 농축산물	합법	합법
	개인 부업 식료품·생필품	합법	불법
	개인의 불법적 경작지 생산 농산물	불법	불법
	개인의 불법적 가축사육	불법	불법
기업(농장 포함) 차원의 생산물	공식 부문 생산 식량, 공산품	합법(기업 입장)	불법
	공식 부문 절취·유출한 식량, 생필품, 원자재	불법(개인 입장)	불법
중국 등 제3국 유입품	공식 기관에 의한 수입품	합법(기업 입장)	불법
	개인·기관에 의한 밀수품	불법	불법
국제사회의 지원물자	개인·기관에 의한 절취·유출 물자	불법	불법

자료: 양문수(2009: 124).

해도 소규모 무역회사의 통폐합이 대부분이었다. 게다가 생산재시장인 사회주의 물자교류시장과 수입물자교류시장에 대해서도 통제 조치가 취해졌는지 여부는 확인되지 않고 있다. 전반적으로 보아 시장에 대한 단속과 통제라고 하더라도 그 대상이 광범위한 것은 아니라고 볼 수 있다.

아울러 2007년부터는 소비품의 최종 유통단계에 대한 단속이 주를 이룬다는 점이 눈길을 끈다. 표 4-2에 나타나 있듯이 소비재시장인 종합시장은 시장에 대한 상품공급을 위한 각종 생산, 무역, 국내유통, 절취 등 제반 경제활동 흐름의 최종목적지(판매공간)라는 성격을 가진다. 달리 보면 상품이 소비자에게 판매되는 최종 유통단계의 지리적 공간에 대해서만 단

속을 한다고 해서 시장과 시장경제활동이 근절되는 것이 아니라는 시사점을 얻는다. 시장에 상품이 최종적으로 도달하기까지의 일체의 과정(즉 각종 생산, 무역, 국내유통, 절취 등 제반 경제활동)에 대해 단속과 통제를 벌여야만 시장이 근절될 수 있는 것이다.

이와 함께 시장화 억제기의 정책을 시장화 촉진기의 정책(표 4-1 참조)과 양적으로 단순 비교를 해 보면 정책 자체가 다소 빈약하다는 인상을 받는다. 시장을 억제하기 위한 정책들이 그다지 다양하지도 풍부하지도 않다는 점이 눈에 띈다.

3. 시장화 촉진기와 억제기의 시장화 양상 비교

1) 시장화 촉진기의 시장화 양상

시장이 합법화됨에 따라 시장 참여자가 크게 늘어났다. 무엇보다도 종합시장이라는 소비재시장에 상품공급자와 상품공급량이 증가하였다. 종래 농민시장에는 개인만이 참여했으나 종합시장에서는 농민이나 일반 주민뿐 아니라 국영 기업소와 협동단체도 시장활동에 참여하여 제품을 판매하게 된 것이다.

북한의 경우 시장화의 진전에 무역회사의 역할이 매우 중요하다. 무역회사는 공식적으로는 관련 기관·기업소, 주민의 생산과 소비를 위한 수입, 즉 일종의 자가소비를 위한 수입을 수행했고, 시장판매를 위한 수입은 음성적·불법적으로 해 왔다. 그런데 정부가 종합시장을 허용하고 국영 상점의 시장화를 추진함에 따라 이제 무역회사들은 공식적으로 시장판매를 위한 수입이 가능하게 되고, 따라서 주민들에 대한 직접 판매도 가능해졌다. 이들이 국내 소비자에게 접근하는 경로는 다음의 두 가지이다. 하나는 도매시장을 거쳐 종합시장에 판매하는 것이고, 다른 하나는 국영 상점(위탁수매상점)에 직접 판매하거나 중간상인을 거쳐 간접적으로 판매하는 것이다.

또한 개인들도 시장경제활동에 적극적으로 참여하고, 다양한 형태로 참여의 폭을 넓혀 갔다. 국영 상점에 자신의 자본을 투입해 중국에서 상품을 들여오거나 북한 국내에서 상품을 조달하여 일반인에게 판매해서 얻은 수입의 일부를 국가에 납부하고 종업원 등의 생활비로 충당하고 난 나머지를 자신의 이윤으로 챙기는 방식으로 시장에 참여하기 시작하였다. 물론 공식적으로는 기관과 기업소만 상점을 임대할 수 있기 때문에 개인은 기관과 기업소의 명의를 빌려서 상점을 임대받아 운영한다. 이러한 행태는 상점뿐 아니라 당구장, 가라오케, 식당 등 서비스업 분야에서 자주 빚어졌다. 이에 따라 사실상 개인이 시장경제방식으로 운영하는 상점, 식당, 당구장, 가라오케 같은 서비스업체가 크게 늘어났다.

아울러 기업들은 시장 판매를 목적으로 한 생산의 공간을 확대해 갔다. 합법적인 소비품시장인 종합시장의 등장은 기업의 입장에서는 안정적인 판로의 확보를 의미하는 것이다. 이는 그 자체로 생산을 자극하는 효과가 있다. 특히 기업들이 시장에서 자금을 조달할 수 있는 길이 열렸고 이는 시장판매를 위한 생산을 더욱 자극하는 유인으로 작용하였다. 다만 초기 단계에는 자금을 확보하지 못한 기업들이 적지 않아서 개인 자본을 끌어들이는 경우가 종종 있었다.

이와 함께 개인들도 부업생산(개인 수공업)에 적극 나섰다. 개인 수공업자에게도 종합시장의 등장은 안정적인 판로의 확보를 의미하였다. 결국 기업과 소상품 생산자의 시장 참여가 늘어나게 되었으며, 이에 따라 분업의 확대 현상도 나타나, 특히 소상품 생산자들은 시간이 지날수록 자신만의 전문적인 품목의 생산에 집중하게 되었다. 아울러 생산자들 간의 연계도 강화되면서 생산재시장은 더욱 확대되었다.

한편 김정일 위원장의 지시에 의해 합법적인 생산재시장인 '사회주의 물자교류시장'이 등장함에 따라 기업들은 시장을 통해 원자재를 조달할 수 있게 되었다. 특히 종합시장이 등장한 후 기업들이 시장에서 제품 판매 등을 통해 자금을 조달하는 것이 합법화되었다. 이에 따라 생산재시장과 소비재시장의 연계성이 확보되면서 각 시장의 참여자들은 서로 영향을 주고받게 되었다.

과거에는 본격적인 상행위 자체가 불법이었기 때문에 상인계층의 형성이 불가능했으나 종합시장의 등장으로 사정이 달라졌다. 장사에 본격적으로 뛰어들어 자본을 축적해 이른바 '돈주'로 불리는 사람들이 속속 등장하게 되었다. 돈주들은 대부분 개인 상업이나 외화벌이를 통해 부를 축적한 사람들이라는 사실에 주목할 필요가 있다.

그리고 이제는 상인계층의 형성에서 한 걸음 더 나아가 상인계층의 분화가 이루어지게 되었다. 대표적인 것이 도매상과 소매상의 분화이다. 즉 초기에는 한 사람이 도매와 소매를 겸하는 경우가 많았으나, 시장이 발달함에 따라 도매상과 소매상이 분리되었다. 또한 특정 품목만 취급하는 전문상인과 여러 품목을 취급하는 종합상인의 분화도 나타났다. 아울러 초기에는 상인이 창고 업무와 운수 업무를 겸하였으나 점차 창고업과 운수업을 전문으로 하는 상인이 나타나게 되었다. 즉 상업에서 창고업과 운수업이 분리되었다.

시장의 합법화로 시장이 확대되면 신용, 나아가 금융의 필요성도 증대된다. 신규로 시장상인으로 참여하고자 하는 사람에게는 이른바 장사밑천이 필요하고, 기존에 상행위를 하고 있던 사람에게는 운영자금이 필요하기 때문에 자금을 해결해 줄 사람을 필요로 하게 된다. 초기에는 시장에서 판매자로 참여하는 사람 가운데 금전적인 여유가 있는 사람으로부터 자금을 빌리는 경우가 많다. 하지만 시간이 지날수록 상행위를 통해 부를 축적한 사람이 나타나게 마련이고, 그중 일부는 전문적인 금융업자(사채 및 고리대금업자)로 전화한다. 이른바 금융시장이 출현하는 것이다.

물론 북한에서 금융시장은 공식적으로 존재하지 않는다. 모두 비공식 시장에서의 거래이며 동시에 사적 금융, 사채(私債)이다. 사적 금융에는 크게 두 종류가 있다. 하나는 개인과 개인 사이의 금융관계이고, 다른 하나는 기업과 개인 사이의 금융관계이다. 전자의 경우는 앞에서 보았듯이 '장사'로 불리는 상행위를 수행하기 위한 자금 대여가 압도적으로 많다. 후자인 기업과 개인 사이의 금융관계는 기본적으로 기업이 개인으로부터 돈을 빌리는 것이며 그 역은 존재하지 않는다. 기업이 개인으로부터 돈을 빌리는 이유는 간단하다. 국영 기업과 은행에는 돈이 없고, 개인에게 돈이 있기 때문이다. 개인과 기업 간의 금융거래는 크게 '대출'과 '투자'로 나눌 수 있다. 또한 돈을 빌리는 기업은 공장일 수도 있고, 상점이나 무역회사일 수도 있다. 자금에는 투자자금도 있고 운영자금도 있다.

이렇게 해서 금융시장은 생산재시장·소비재시장과의 연계성이 확보되면서 각 시장의 참여자들은 서로 영향을 주고받게 되었다. 이렇게 개인의 자본·금융시장 참여 확대가 생산재시장·소비재시장에 개인과 기업의 참여를 촉진하는 것은 자연스러운 일이다. 따라서 소비재시장과 생산재시장의 확대는 필연적이라 할 수 있다.

임노동관계도 초보적인 형태로 나타나기 시작했다. 임노동자의 대척점에는 이른바 돈주가 존재한다. 상업 부문에서는 상점 주인과 노동자, 수산업에서는 선박 소유주와 노동자, 농업 부문에서는 불법적인 토지 소유자와 소작인 사이에 고용과 피고용의 관계가 나타나고 있다. 개인 수공업에서도 이른바 가공주와 노동자 사이에 임노동관계가 등장하였다. 이러한 임노동관계는 아직까지는 대부분 비공식적인 영역에서 나타나고 있지만, 일부는 합법과 불법의 경계가 모호한 경우도 있다. 이렇게 해서 개인의 노동시장 참여가 발생하면 돈주들의 시장 참여가 확대되고, 이에 따라 소비재시장의 확대는 필연적이다.

결국 이러한 방식으로 4대 시장(생산재시장, 소비재시장, 금융시장, 노동시장)이 형성되고, 이들 시장이 서로 연계되면서 상승작용을 일으켜 서로를 확대시키게 되었다.

2) 시장화 억제기의 시장화 양상

종합시장과 개인사업체에 국한시켜 보면, 2007년부터 시작된 시장화 억제기에 북한의 시장화는 외관상 다소 후퇴한 것처럼 보인다. 시장의 개장 시간도, 참여자와 거래 물품도 다소 줄어든 것으로 보일 수 있다. 상행위를 하는 주민들도 일부 타격을 받은 것 같고, 이른바 돈주의 활동도 다소 위축된 듯이 보인다. 특히 종합시장과 같은 생계형 시장경제활동보다는 식당, 서비스업, 무역회사 등 사실상의 개인 사업과 같은 부(富)의 축적형 시장경제활동이 상대적으로 더 큰 타격을 받은 듯이 보인다.

하지만 이러한 현상은 일시적·부분적이라고 할 수 있다. 단속하는 사람들의 눈에 보이는 공간에 한해서 시장은 다소 위축된 것처럼 보이지만, 눈에 보이지 않는 공간에서 시장은 여전히 유지되고 있으며, 일부는 더욱 활기를 띠고 있다. 종합시장의 안과 밖, 특히 암거래까지 포함하면 시장 참여자와 거래 물품은 종전과 큰 차이가 없다. "위에서 정책이 있다면 아래에는 대책이 있다"는 말처럼 주민들은 갖가지 아이디어를 짜내어 단속을 피해 가고 있다. 결국 시장억제정책이 성과를 거두기에는 명백한 한계가 있다.

보다 업그레이드된 시장억제정책인 화폐개혁 조치도 시장을 억제하는 데는 역부족인 것처럼 보인다. 무엇보다도 화폐개혁 이후 물가와 환율이 폭등하였다. 화폐개혁 직전에 1kg당 20원(신권 기준) 정도이던 쌀값이 화폐개혁 이후 지속적으로 상승해, 지난 2010년 1월 말에는 일부 지역에서 400~600원까지 오른 것으로 알려졌다. 환율의 경우 화폐개혁 직전에는 1달러당 35~40원(신권 기준)이었는데, 지난 2010년 1월 하순에는 400~

500원까지 치솟았다. 결국 화폐개혁 이후 두 달 만에 쌀값은 20~30배, 환율은 10~15배까지 상승한 셈이다.

다만 화폐개혁 직후 2개월간의 물가폭등은 상품거래가 크게 줄어들거나 거의 없는 상태에서의 물가폭등이라는 점에 유의해야 한다. 즉, 물건을 사려는 사람은 많지만 물건을 팔려는 사람은 별로 없는 상태에서, 물건을 팔려는 사람이 부르는 값이 곧 가격으로 되는 양상이라는 것이다. 시장에서는 앞으로 가격이 더 오를 것이라는 기대심리가 팽배해 있고, 새 화폐보다는 상품을 보유하고 있는 것이 유리하다는 인식이 널리 퍼져 있어서 상인들은 상품을 시장에 내놓지 않고, 주민들은 물건을 사재기하는 사태가 빚어지고 있다.

다른 측면에서 보면, 종전의 정책과는 달리 화폐개혁을 통한 강력한 시장 단속·통제는 시장의 상품거래를 급격히 위축시켰다는 특징이 있다. 과거에는 종합시장에 대해 단속을 하면 주민들은 종합시장 밖에서라도 장사(상행위)를 하곤 했으나 이번에는 그러지 못했다. 소매상들이 도매상이나 생산자로부터 물건을 공급받을 수가 없었기 때문이다. 정부의 입장에서 보면 시장에서의 물품 거래를 대폭 축소시켰다는 성과는 거두었을지는 모르지만, 물가폭등이라는 대가를 치러야 했다.

물가폭등, 상품공급 위축 등 화폐개혁의 부작용이 걷잡을 수 없는 상태에 이르자,[9] 북한 정부는 2월 초부터 시장에 대한 단속의 고삐를 늦추고 식량과 공산품의 시장 판매를 허용하기에 이르렀다. 당중앙위원회는 중앙의 공급이 원활해질 때까지 전국적으로 모든 시장을 종전대로 열 것을 지시하였다. 이는 당의 경제정책 검열부에서 1월 중순에 전국 각지의 식량

9 식량 값 폭등으로 주민의 생활이 어려워지자 일부 지역에서는 주민들이 정부에 항의하는 사태도 발생했다. 예컨대 지난 1월 함경남도 단천에서는 전쟁 노병을 위시한 일부 주민들이 시당 앞에서 항의하는 소동이 빚어졌다. 이에 중앙당에서는 단천시 농장에서 비축용으로 저장해둔 식량 일부를 배급용으로 풀라는 지시가 내려왔다고 한다(좋은벗들, 『오늘의 북한소식』 329호, 2010. 2. 2).

난과 주민생활 실태를 조사한 결과, 굶주리는 주민들이 많아 심각한 상황이라는 조사보고서를 올린 이후에 취해진 조치이다. 당중앙위원회는 아울러 식량에 대한 단속을 절대로 하지 말 것을 각 법기관에 통보하였다. 인민보안성에서는 이 지시를 받아, 각 도·시·군 보안당국에 "위법품 외에는 시장 단속을 절대로 하지 말 것이며, 식량에 대해서는 더욱 단속하면 안 된다"고 특별지시를 내렸다.[10] 이렇듯 정부는 2007년부터 여러 차례에 걸쳐, 그리고 때로는 시장폐쇄라는 극약처방까지 동원하면서 시장억제정책을 펼쳤지만 소기의 성과를 거두지는 못했다.

4. 정량적 분석을 통한 비교

이제는 정량적 분석을 통해 시장화 억제기와 시장화 촉진기를 비교해 보기로 한다. 직접적으로는 필자가 2009년 4월부터 8월에 걸쳐 실시한 설문조사 결과와 2005년 12월에 실시한 설문조사 결과[11]를 비교해 보는 것이다. 여기서는 시장화를 ① 시장가격 적용 수준, ② 개인위탁경영 수준, ③ 사적 부문 고용 수준 등으로 나누어 고찰한다.

1) 시장가격 적용 수준

표 4-3과 표 4-4를 종합해 보면 시장가격 적용 수준은 공업 부문과 농업 부문 공히 시간이 지남에 따라 다소 감소한 것으로 나타난다.

공장과 기업소가 생산한 생산재를 국가계획에 의해 국정가격으로 다른

10 좋은벗들, 『오늘의 북한소식』 332호, 2010. 2. 18.

11 필자가 2005년 12월에 실시한 설문조사 결과는 양문수(2006)에 정리되어 있다.

표 4-3 공업 부문의 시장가격 적용 수준 (단위: 명, %)

설문 문항	조사 연도	응답자 수	평균	표준편차	최솟값	최댓값
공장 생산 생산재 중 시장가격 판매 비중	2005	46	53.5	32.6	0	100
	2009	55	50.9	30.5	0	100
공장 생산 소비재 중 시장가격 판매 비중	2005	50	53.3	33.5	0	100
	2009	53	51.9	28.0	0	100
공장 전체의 원자재 조달 중 현금 결제의 비중	2005	31	51.9	36.0	0	100
	2009	38	46.6	28.2	0	100

표 4-4 농업 부문의 시장가격 적용 수준 (단위: 명, %)

설문 문항	조사 연도	응답자 수	평균	표준편차	최솟값	최댓값
농장 생산 식량 중 시장가격 판매 비중	2005	33	56.1	34.1	0	100
	2009	25	50.8	31.6	0	100
공장 생산 비식량 농산물 중 시장가격 판매 비중	2005	38	66.3	26.8	0	100
	2009	32	55.3	32.1	0	100

공장·기업소에 공급하지 않고, 시장가격으로 다른 공장·기업소, 그리고 개인 또는 시장에 판매하는 비중에 대해 물었을 때, 설문 응답의 평균치가 2005년 설문조사에서는 53.5%였으나 2009년 설문조사에서는 50.9%로 소폭 하락하였다. 공장·기업소가 생산한 소비재도 유사한 경향을 보여 시장가격 판매 비중의 평균치는 2005년 설문조사의 53.3%에서 2009년 설문조사에서는 51.9%로 약간 줄었다. 아울러 공장·기업소가 원자재를 조달할 때 행표(行票) 등을 통한 무현금 결제가 아니라 현금으로 결제한 비율은 2005년 설문조사에서 51.9%이던 것이 2009년 조사에서는 46.6%로 감소하였다.

농업 부문에서는 농장에서 생산한 쌀, 옥수수 등 식량 가운데 일부를 국정가격으로 국가에 수매시키지 않고 농장이 자율적으로 처분, 즉 공장·기업소나 개인, 시장에 판매하는 현상이 있는데 그 정도(비중)는 2005년 설문조사에서는 56.1%였으나 2009년 설문조사에서는 50.8%로 다소 하락하였다. 식량이 아닌 다른 농산물의 경우는 시장판매 비중이 2005년 설문조사의 66.3%에서 2009년 설문조사에서는 55.3%로 비교적 큰 폭으로 줄었다. 이와 관련하여 간과해서는 안 될 것이 하나 있다. 2009년 설문조사에서는 2005년 설문조사 때보다 가격자유화 수준의 하락세가 관찰됨에도 불구하고, 그 절대수준은 50%를 약간 상회하고 있다는 것이다. 즉 공업 부문이든 농업 부문이든 생산 제품 가운데 시장가격으로 판매되는 비중이 절반을 약간 웃돌고 있다는 점이다. 그러한 측면에서 보면 가격자유화 추세는 일정 수준의 안정성을 확보하고 있다고 할 수 있다.

2) 개인위탁경영 수준

앞에서 보았듯이, 2000년대에 들어 북한에서 공장, 기업소, 식당, 서비스업체[12] 등을 개인에게 명시적으로 임대하거나 묵시적으로 운영을 맡기는 경우가 크게 늘고 있다. 이러한 경우는 사실상의 사유화, 특히 소규모 사유화가 이루어진 것으로 해석할 수 있다.[13]

표 4-5에도 나타나 있듯이 개인위탁경영의 경우에 시간이 지남에 따라 실질적으로 진전되었을 가능성, 즉 사유화의 수준이 높아졌을 가능성을

---

12 서비스업은 북한의 용어로 하면 편의봉사업이다. 목욕탕, 이발소, 미장원, 각종 수리소, 가라오케, 당구장 등을 가리킨다.

13 여기서 사유화는 법적인 의미에서 재산권의 사유(de jure privatization)를 의미하기보다는 실질적인 사유화(de facto privatization)를 의미한다. 혹은 더 정확한 의미로 개인위탁운영을 가리킨다. 이런 의미에서 북한의 소규모 사유화는 불완전한, 가역적인 사유화이다.

표 4-5 개인위탁경영 수준 (단위: 명, %)

설문 문항	조사 연도	응답자 수	평균	표준편차	최솟값	최댓값
지방산업공장 중 사실상 개인 운영 비중	2005	40	11.5	15.1	0	70
	2009	74	23.6	23.1	0	90
중앙공업공장 중 사실상 개인 운영 비중	2005	39	11.0	18.0	0	80
	2009	62	21.4	21.7	0	90
(국영) 상점 중 사실상 개인 운영 비중	2005	73	40.1	32.8	0	100
	2009	134	51.3	29.1	0	100
식당 중 사실상 개인 운영 비중	2005	80	54.4	34.2	0	100
	2009	147	58.5	30.3	0	100
서비스업체 중 사실상 개인 운영 비중	2005	75	41.5	31.2	0	100
	2009	124	46.7	29.6	0	100
무역회사 중 사실상 개인 운영 비중	2005	55	32.9	32.3	0	100
	2009	118	41.0	28.3	0	100

시사하고 있다. 2009년 설문조사 결과는 2005년 설문조사 결과에 비해 지방산업공장, 중앙공업공장, 상점, 식당, 서비스업체, 무역회사 등 모든 분야에서 개인위탁경영의 비중이 높아졌다는 것이 가장 큰 특징이다. 특히 지방산업공장, 중앙공업공장, 상점은 평균치가 10% 포인트 이상 증가했다는 점이 눈길을 끈다.

지방산업공장 가운데 사실상 개인이 국가로부터 운영권을 넘겨받은 비율은 2005년 설문조사에서는 평균 11.5%에 불과했으나 2009년 설문조사에서는 23.6%로 껑충 뛰었다. 중앙공업공장·기업소 중 사실상 개인이 운영하는 비중은 같은 기간 11.0%에서 21.4%로 증가하였다. 지방산업공장은 12.1% 포인트, 중앙공업공장은 10.4% 포인트 증가한 것이다. 국영 상점의 경우도 유사한 경향을 보이고 있다. 상점 가운데 국가로부터 임대 등의 형식으로 운영권을 넘겨받아 사실상 개인이 운영하는 상점의 비중은 2005년 설문조사의 평균 40.1%에서 2009년 설문조사에서는 51.3%로

11.2% 포인트 증가한 것으로 나타났다.

식당과 서비스업체는 증가율이 상대적으로 낮기는 하지만 역시 사유화의 진전을 보여 주고 있다. 식당 중에 사실상 개인이 운영하는 비중은 2005년 설문조사에서는 평균 54.4%를 보이던 것이 2009년 설문조사에서는 58.5%로 4.1% 포인트 증가하였다. 서비스업체 중 사실상 개인이 운영하는 비중은 같은 기간 평균 41.5%에서 46.7%로 5.2% 포인트 늘어났다. 외화벌이사업소 등 무역회사의 증가율은 공장, 상점과 식당, 서비스업체의 중간에 속하는데, 개인 운영의 비중이 32.9%에 불과하던 것이 41.0%로 8.1% 포인트 증가하였다.

한편 소규모 사유화의 추세와 관련하여 또 하나 주목해야 할 것은 부문별 사유화 수준의 차이다. 모든 사회주의 국가의 경험과 마찬가지로 북한에서도 소규모 사유화는 (광의의) 서비스업이 제조업보다 훨씬 앞서 있다. 식당의 사유화 비중은 이미 2005년 설문조사에서 50%를 넘어섰고, 상점은 2009년 설문조사에서 50%를 초과했으며, (협의의) 서비스업체는 2009년 설문조사에서 50%에 육박하였다. 또한 2009년 설문조사에서는 무역회사가 40%대로 올라섰다. 다만 지방공업과 중앙공업 등 제조업은 최근 크게 증가했다고는 하지만 아직도 20%대에 불과한 실정이다.

3) 시장경제활동 참여 수준

다음에는 시장경제활동 참여 수준을 살펴보자. 표 4-6에도 나타나 있듯이 전반적인 시장경제활동 참여 수준은 2009년의 설문조사에서는 2005년 조사에 비해 약간 하락한 것으로 나타났다. 10개 항목 가운데 2개의 항목만 증가세를 보였을 뿐 8개 항목에서 감소한 것으로 조사되었다.

공장·기업소 내 파트타임식 시장경제활동 종사자의 비중은 2005년 설문조사의 44.2%에서 2009년 설문조사에서는 46.1%를 기록하여 1.9% 포

표 4-6 시장경제활동 참여 수준 (단위: 명, %)

설문 문항	조사 연도	응답자 수	평균	표준편차	최솟값	최댓값
공장·기업소 내 8·3 노동자 비중	2005	87	42.8	22.8	0	90
	2009	155	40.1	23.2	0	90
공장·기업소 내 파트타임식 시장경제활동 종사자 비중	2005	73	44.2	30.4	0	100
	2009	144	46.1	25.4	10	100
주부 가운데 시장경제활동 종사자 비중	2005	97	73.8	20.9	0	100
	2009	162	68.3	22.4	10	100
농장원 중 시장경제활동 종사자 비중	2005	79	43.3	26.2	0	100
	2009	106	36.5	23.5	0	90
공장·기업소 노동자 중 시장경제활동 종사자 비중	2005	89	56.1	27.6	0	100
	2009	145	54.5	26.4	10	100
당정기관 일꾼 중 시장경제활동 종사자 비중	2005	61	30.8	25.1	0	90
	2009	112	31.5	25.2	0	90
전문직·관리직 중 시장경제활동 종사자 비중	2005	61	38.0	27.1	0	100
	2009	119	36.3	25.4	0	90
군인 중 시장경제활동 종사자 비중	2005	56	27.5	23.3	0	90
	2009	107	26.7	22.6	0	90
모든 성인 남녀 중 시장경제활동 종사자 비중	2005	95	70.5	20.9	0	100
	2009	169	65.1	24.3	10	100
모든 성인 남녀 중 시장경제활동을 전혀 하지 않는 사람의 비중	2005	91	23.1	20.5	0	100
	2009	172	22.9	18.9	0	90

인트 증가했고, 당정기관 일꾼 중 시장경제활동 종사자의 비중은 30.8%에서 31.5%로 0.7% 포인트 증가하였다.

반면에 공장·기업소 내 8·3 노동자 비중은 2005년 조사의 42.8%에서 2009년 조사에서는 40.1%로 소폭(2.7% 포인트) 감소했으며, 주부 가운데 시장경제활동 종사자의 비중은 73.8%에서 68.3%로 다소(5.5% 포인트) 감소한 것으로 나타났다. 또한 농장원 가운데 시장경제활동 종사자의 비중은 43.3%에서 36.5%로 상당 정도(6.8% 포인트) 줄었으며, 공장·기업소 노동자 중 시장경제활동 종사자의 비중은 56.1%에서 54.5%로 소폭(1.6% 포인트) 감소하였다.[14]

모든 성인 남녀 중 시장경제활동 종사자 비중은 2005년 조사의 70.5%에서 2009년 조사에서는 65.1%로 다소(5.4% 포인트) 감소하였다. 모든 성인 남녀 중 시장경제활동을 전혀 하지 않는 사람의 비중은 23.1%에서 22.9%로 사실상 제자리걸음을 한 것으로 나타났다.

시장경제활동 종사자의 비중이 전반적으로 약간 감소한 추세를 어떻게 설명해야 할 것인가. 단순한 우연적 현상일까? 아니면 앞에서 보았던 하층민들의 시장으로부터의 퇴출과 관계가 있거나, 특히 시장에서의 독과점 진행과 관련이 있을지도 모른다.

한편 이러한 시기적 변화와는 별개로 각 부문별 시장경제활동 종사자 비중의 절대적 수준에도 주의를 기울일 필요가 있다. 예컨대 공장·기업소 내 8·3 노동자의 비중은 여전히 40%대에 머물러 있으며, 공장·기업소 노동자 가운데 시장경제활동 종사자 비중은 여전히 50%를 넘어선 상태이다. 아울러 주부 가운데 시장경제활동 종사자 비중, 모든 성인 남녀 중 시장경제활동 종사자 비중은 여전히 70% 전후 수준을 유지하고 있다.

4) 2005년 설문조사와 2009년 설문조사의 차이 여부

이제는 자유화·사유화 수준이 시간이 지남에 따라 변화했는지 여부를 간단한 통계분석을 통해 살펴보고자 한다. 자유화·사유화에 대한 21개 항

---

14 제2장에서는 기업소의 총근로자 수 대비 8·3 노동자의 수를 최소 20.3%로 추정하였다. 이 수치는 표 4-6에서 제시한 2009년의 공장·기업소 내 8·3 노동자 비중인 40.1%보다 작은 추정치이나 표준편차가 23.2%인 점을 고려하면 95% 신뢰수준의 하방 한계 수치와 크게 다르지 않다.

목에 대해 2005년과 2009년의 설문조사 결과 간에 통계적으로 유의미한 변화가 관찰되는지를 고찰하는 것이다. 2005년 설문조사 대상자는 주로 2002~2005년에 탈북한 사람들이고 2009년 설문조사 대상자는 2007~2009년에 탈북한 사람들이므로 2002~2005년과 2007~2009년 사이에 변화가 생겼는지를 살펴보는 것이다.

여기서는 두 집단 간에 평균의 차이가 있는지를 살펴보기 위해 일원변량분석(ANOVA)을 실시하였다. 즉 2005년 설문조사 집단과 2009년 설문조사 집단 간에 평균의 차이가 통계적으로 유의미한지 여부를 판정하는 것이다. 표 4-7에도 나타나 있듯이 유의수준이 0.05 이하이면 통계적으로 유의미한 결과가 나온 것이다. 즉 이는 신뢰수준 95%로 두 집단 간에 차이가 있는 것으로 판단할 수 있다는 것이다. 또 유의수준이 0.01 이하이면 신뢰수준 99%로 두 집단 간에 통계적으로 유의미한 차이가 있는 것으로 볼 수 있다.

표 4-7에도 나타나 있듯이 총 21개 항목 가운데 3개 항목에 대해서만 통계적으로 유의미한 결과가 나왔는데, 흥미로운 것은 이 3개 항목은 모두 소규모 사유화에 관한 것이라는 점이다. 즉 지방산업공장, 중앙공업 공장·기업소, (국영) 상점 중 사실상 개인이 운영하는 것의 비중에 대한 설문 문항이다.[15] 이 가운데 중앙공업 공장·기업소, (국영) 상점은 신뢰수준 95%로 두 집단 간의 차이가 있는 것으로, 지방산업공장은 신뢰수준 99%로 두 집단 간의 차이가 있는 것으로 파악되었다. 더욱이 상기의 3개 항목은 모두 2009년 설문조사 결과의 평균치가 2005년 설문조사보다 증가한 것으로 나타났다.

결국 탈북자들의 경험에 의하면, 2002~2005년에 비해 2007~2009년에는 지방산업공장, 중앙공업 공장·기업소, (국영) 상점에서 소규모 사유화가

15 이들 3개 항목은 2009년 설문조사 결과의 평균치가 2005년 설문조사보다 10% 포인트 이상 증가했다는 공통점이 있다.

표 4-7 2005년과 2009년 설문조사의 차이 여부에 대한 아노바분석 결과

설문 문항	2005년 조사 평균	2009년 조사 평균	df (자유도)	F	Sig (유의수준)
공장 생산 생산재 중 시장가격 판매 비중	53.5	50.9	1	0.17	0.68
공장 생산 소비재 중 시장가격 판매 비중	53.3	51.9	1	0.15	0.70
공장 전체의 원자재 조달 중 현금 결제의 비중	51.9	46.6	1	0.48	0.49
농장 생산 식량 중 시장가격 판매 비중	56.1	50.8	1	0.36	0.55
공장 생산 비식량 농산물 중 시장가격 판매 비중	66.3	55.3	1	2.45	0.12
지방산업공장 중 사실상 개인 운영 비중	11.5	23.6	1	8.94	**0.003
중앙공업공장 중 사실상 개인 운영 비중	11.0	21.4	1	6.26	*0.014
(국영) 상점 중 사실상 개인 운영 비중	40.1	51.3	1	5.42	*0.021
식당 중 사실상 개인 운영 비중	54.4	58.5	1	0.89	0.35
서비스업체 중 사실상 개인 운영 비중	41.5	46.7	1	1.40	0.24
무역회사 중 사실상 개인 운영 비중	32.9	41.0	1	2.81	0.10
공장·기업소 내 8·3 노동자 비중	42.8	40.1	1	0.76	0.38
공장·기업소 내 파트타임식 시장경제활동 종사자 비중	44.2	46.1	1	0.23	0.63
주부 가운데 시장경제활동 종사자 비중	73.8	68.3	1	3.80	0.052
농장원 중 시장경제활동 종사자 비중	43.3	36.5	1	3.41	0.07
공장·기업소 노동자 중 시장경제활동 종사자 비중	56.1	54.4	1	0.19	0.66
당정기관 일꾼 중 시장경제활동 종사자 비중	30.8	31.5	1	0.03	0.86

표 4-7 계속

설문 문항	2005년 조사 평균	2009년 조사 평균	df (자유도)	F	Sig (유의수준)
전문직·관리직 중 시장경제활동 종사자 비중	38.0	36.3	1	0.18	0.67
군인 중 시장경제활동 종사자 비중	27.5	26.7	1	0.05	0.82
모든 성인 남녀 중 시장경제활동 종사자 비중	70.5	65.1	1	3.36	0.07
모든 성인 남녀 중 시장경제활동을 전혀 하지 않는 사람의 비중	23.1	22.9	1	0.06	0.81

확대되었다는 해석이 가능하다. 특히 2007년부터 시장에 대한 본격적인 단속이 전개되고 경제정책이 보수화되는 분위기 속에서도 오히려 사유화가 실질적으로 진전되었을 가능성을 시사받는다는 점에서 매우 주목할 만하다.

다만 2009년 설문조사에서 2007년 단속의 본격화 이후 지방산업공장, (국영) 상점 등의 활동이 다소 위축되었다는 결과를 고려할 필요는 있다. 여기서 또 하나의 가설을 상정할 수 있다. 즉 2002~2005년 이후, 예컨대 2006년에 소규모 사유화가 더욱 진전되었다가 2007년 이후에 약간 하락했지만 여전히 2002~2005년 수준보다 높은 상태에 있을 가능성이다.

한편 여타의 18개 항목에 대해 두 집단 간에 통계적으로 유의미한 차이가 확인되지 않았다는 사실은 무엇을 시사하는가? 여러 가지 해석이 가능하겠지만 여기서는 두 가지 점만 언급하기로 한다. 하나는 2002~2005년과 2007~2009년을 비교해 보았을 때 자유화와 사유화, 종합적으로는 시장화가 진전·확대되었다는 사실을 통계적으로 확인할 수 없다는 점이다. 하지만 반대로 시장에 대한 본격적인 단속으로 인해 시장화가 후퇴·축소되었다는 사실 또한 통계적으로 확인할 수 없다는 점이다.

5. 시장화의 촉진 및 억제 요인

1) 시장화의 촉진 요인

(1) 계획경제의 물적 · 기능적 토대의 와해

시장화에 대한 국가의 관리 가능성을 평가하기 위해 이제는 북한에서 시장화를 촉진하는 요인과 억제하는 요인이 무엇인지 정리해 보고자 한다.[16] 여기에는 정책적 요인과 함께 비정책적 요인도 포함된다는 점에 유의할 필요가 있다.

우선 시장화의 촉진 요인[17]을 살펴보자. 가장 먼저 지적할 수 있는 것이 계획경제의 물적·기능적 토대의 와해이다. 북한에서 시장이 싹트고 발전한 이유는 여러 가지이지만, 가장 큰 것은 역시 계획경제의 사실상 붕괴이다. 계획의 공백을 자연스럽게 시장이 메워 갔다고 볼 수 있다. 더욱이 국내 자원의 고갈 등으로 계획경제의 물적 토대와 시스템이 무너졌기 때문에 현재의 조건에서는 계획경제를 복원하는 것이 불가능에 가깝다. 북한이 2007년 이후 지속적으로 (소비재)시장에 대해 단속을 펴도 시장을 축소 또는 근절하지 못하는 근본 이유는 여기에 있다.

한편 시장화가 진전됨에 따라 계획경제의 물적 기반은 더욱 취약해지고 있다. 북한에서의 시장화는 개인과 기업의 국가자산 절취, 즉 계획경제의 물적 기반 침식을 초래하고 있기 때문이다. 북한의 시장화라는 것이 애초 개인과 기업의 자력갱생 차원에서 국가가 묵인 또는 허용한 측면이 있기 때문에 이는 당연한 것인지도 모른다. 경제위기로 인해 국가가 주민들의

---

16 시장화의 촉진 요인과 억제 요인에 대한 이하 서술의 기본 아이디어는 양문수의 『북한경제의 시장화: 양태, 성격, 메커니즘, 함의』(한울, 2010)에서 가져왔다.

17 시장화 촉진 요인의 추출에 있어서 임강택의 『북한경제의 시장화 실태에 관한 연구』(통일연구원, 2009, pp. 184~187)로부터 일부 아이디어를 빌렸다.

생존을 보장해 주지 못하게 되자, 주민들은 생존을 위해 국가자산에 대한 절취에 나서기 시작했다. 이는 공장·기업소, 농장 등 생산 과정에서의 원자재·설비·부품과 최종생산물에 대한 절취에서부터 도매소, 상점 등 유통 과정에서의 식량 및 생필품에 대한 절취에 이르기까지 매우 다양한 경로와 형태로 이루어졌다.

초기에는 물자를 절취해 암시장에 판매하는 수준이었으나 시장화가 진전됨에 따라 개인 수공업, 불법적 경작 등 시장경제적 생산활동과의 연계가 늘어났다. 또한 계획경제 내에서 유출된 이들 물자는 초기에는 국내의 암시장을 중심으로 유통되었으나 중국과의 무역이 확대되면서 밀무역의 형태로 중국으로 흘러 들어가는 사례가 크게 늘었다.

게다가 시장화의 진전에 따른 부정부패의 확산은 계획경제 시스템에 파괴적 효과가 있다. 전반적인 국가의 명령 하달·이행 체계의 작동을 저해하고, 나아가 공적 이익보다는 사적 이익을 추구하는 경향을 강화함으로써 우회적으로 계획경제를 무너뜨리는 것이다.

(2) 시장에 대한 국가의 의존도 상승

시장화의 진전으로 시장에 대한 국가의 의존도가 매우 높아졌다. 국가는 당, 군, 내각 등 모든 부문들이 재정 부족을 메우기 위해 다양한 형태로 시장으로부터의 잉여에 의존하고 있다. 달리 보면 국가조차 시장 없이는 생존이 불가능한 상황에 처했다고 해도 과언이 아니다. 물론 이는 국가가 의도한 측면이 강하다. 즉 시장경제활동을 공식적으로 인정하되, 국가 및 계획경제 부문이 시장경제 영역에서 발생한 잉여를 재정수입으로 흡수하여 부족한 재정을 보충하는 구조를 재편한 것이다.[18]

다만 이 경우 유의해야 할 것은 시장경제 영역에서 발생한 잉여를 흡수

18 자료의 한계로 인해 국가예산이 시장에 의존하는 정도를 실증적으로 평가하기는 어렵다.

표 4-8 시장에 대한 국가의 의존: 시장과 연계된 조세의 제 유형

구분	직접적인 조세 납부자	실질적인 조세 부담자	조세와 시장의 연계형태
공장·기업소의 국가기업이득금	공장·기업소	공장·기업소, 소비자	번 수입(계획 외 생산 및 유통)
종합시장의 시장사용료, 국가납부금	종합시장 매대 상인	상인, 개인 수공업자, 소비자	종합시장 내 상품 판매
서비스업체 국가납부금	수매상점, 협의제식당, 당구장, 가라오케 등 서비스업체	서비스업체, 소비자	일반주민 대상 서비스 판매
무역회사 수익금	무역회사	무역회사, 기관·기업소, 국내 유통업체, 소비자	수출품의 국내 매집, 수입품의 국내 판매
토지 및 부동산 사용료	기관·기업소, 협동단체, 개인	기관·기업소, 협동단체, 개인	토지, 주택, 건물 등 국토를 사용하는 제반 시장경제활동

자료: 양문수(2010: 89).

하는 것은 국가예산수입만은 아니라는 점이다. 당경제, 군경제 등 특권경제의 화폐수입도 여기에 포함된다. 특히 무역회사의 시장경제활동 과정에서 창출된 잉여는 일반경제보다 특권경제에 더 많이 흡수될 가능성이 크다. 북한 경제는 현재 특권경제(당경제, 군경제)와 일반경제(내각경제, 주민경제)로 나누어져 있는 상태이다. 따라서 국가의 예산수입은 기본적으로 내각경제에만 속하게 되어 있다. 당경제와 군경제는 국가의 예산수입과 직접적인 관계가 없다.

이렇게 해서 당·군·내각의 경제는 각각 시장에서 거두어들인 돈을 자신들 부문의 공공기관과 국영 기업의 유지, 소속 구성원들의 생계유지 등에 사용하는 것이다. 이른바 '국가가 시장에 기생해 살아가는 형국'이다. 여기서는 7·1 조치 이후, 나아가 종합시장을 허용한 이후 개편·신설된 각종 국가납부금과 사용료 제도가 핵심적 역할을 수행한다. 북한 정부는 새로운

세원의 발굴을 통해 재정수입의 확대를 도모한 것이다(표 4-8 참조).

(3) 시장화의 장기화

시장의 역사가 약 20년에 달하는 등 시장화의 장기화가 진행되고 있다. 시장은 이제 어느덧 북한 경제 운영에서, 특히 주민들의 생활에서는 필수 불가결한 존재로 자리를 잡았다. 아직 안정적이지는 못하지만 어느 정도 시스템으로 정착되어 가고 있다고 볼 수 있다. 아울러 시장화가 장기화됨에 따라 시장에 대한 학습기회가 크게 늘어나 시장에 대한 주민들의 적응 능력을 높여 가고 있다.[19]

앞에서 보았듯이 시장화가 진전됨에 따라 소비재시장, 생산재시장, 금융시장, 노동시장 등 4대 시장의 연관성은 더욱 커지고 있으며, 이들은 상호작용을 통해 서로를 확대시키고 있다. 또한 시장화의 진전은 시장발달의 제 조건의 발달과 맞물려 있다. 특히 주목할 만한 것은 상품화·화폐화의 진전이다. 북한의 경우 화폐화(monetization)는 달러화(dollarization)를 축으로 하여 전개되는 것이 특징이다. 교통·통신의 발달, 법제도의 정비 등도 북한에서 시장 발달의 중요한 조건으로 작용하고 있다.

아울러 시장화의 진전은 매우 제한적이기는 하지만 소유권의 변화를 수반하고 있다. 무엇보다도 개인 수공업의 확대를 초래하고 있다. 또한 상점, 식당, 당구장, 가라오케 등의 서비스업에 개인 자본이 진출할 수 있는 공간이 크게 확대되면서 소규모 개인 서비스업이 확대되고 있다는 사실도 주목할 만하다. 아울러 공장, 무역회사, 상점, 식당 등 공식 부문에 개인 자본의 투입이 확대되고 있다는 사실도 지적되어야 한다.

---

19 북한의 최근 지속적인 단속의 효과가 제한적이었던 이유는 시장화의 역사가 20년 가까이 되었다는 사실과도 결코 무관하지 않다.

2) 시장화의 억제 요인

(1) 대내외 정치적 조건의 미성숙

북한의 시장화는 대내외 정치적 조건의 미성숙이라는 조건하에서 진행되고 있다. 무엇보다도 국내 정치적 리더십의 불변과 대외관계(특히 미국과의 관계)의 미개선이라는 조건이 중요하다. 따라서 북한의 시장화는 국내의 정치적 상황 변화로부터 자유로울 수 없다는 시사점이 도출된다. 게다가 시장에 대한 북한 정부의 인식과 정책의 영향을 직접 받는다. 실제로 북한에서는 2002년 이후 시장화 촉진 정책을 펴다가 2007년부터 시장화 억제 정책으로 전환했는데, 여기에는 시장화의 정치·사회적 부작용에 대한 지도부의 위기감이 고조된 데 따른 시장에 대한 인식 전환이 자리 잡고 있었다.

(2) 시장의 자원동원능력 한계성

북한의 시장화는 자생적 시장화, 방임적 시장화, 자력갱생적 시장화라는 성격을 가지고 있다. 특히 시장화는 기업과 가계 등 말단 경제주체들의 자력갱생 차원에서 추진되고 있다. 기업과 개인에게 자율성을 부여하고 시장경제적 활동을 용인하되, 국가는 기업과 개인에 대해 생산에 필요한 노동, 자본, 원자재 등 일체의 자원을 공급해 주지 않겠다는 것이다. 따라서 시장 스스로 자원을 동원하는 데 한계가 있을 수 있다.

다만 북한의 시장경제는 물적 토대의 상당 부분을 계획경제에 의존하고 있다. 계획경제 내에 존재하는 각종 설비, 원자재, 부품, 전력 등을 유출 또는 절취하는 형태로 자신의 생산 기반을 확보하는 것이다. 이러한 방식으로 시장은 자원동원능력의 한계성을 보완하고 있다.

(3) 생산력 증대를 수반하지 않는 시장화

북한에서 시장의 발달은 상대적이기는 하지만 생산보다는 유통의 발달, 특히 무역의 발달에 기인한다. 즉 북한에서 시장의 발달은 뚜렷한 생산력 증대를 수반하지 않는 것이 특징이다. 이는 시장화의 진전에 중요한 제약 요인으로 작용할 수 있다. 지역적으로 보면 북한에서 소비재시장의 발달은 주로 도시를 중심으로 이루어지고 있으며, 농촌의 경우 시장 발달이 상대적으로 뒤처져 있다.[20] 이는 결국 북한의 시장화가 대외의존도 심화를 수반한다는 특성을 낳았다. 국내 자원이 고갈된 상태에서 시장의 확대는 국내생산을 자극하기보다는 해외로부터의 수입을 자극하는 효과가 있기 때문이다.

(4) 국가에 의한 과도한 수탈

북한에서는 시장경제에서 발생한 잉여가 국가에 의해 과도하게 수탈당하고 있다. 앞에서 보았던 각종 조세가 대표적이다. 뿐만 아니라 가계의 세외부담, '보호세(protection rackets)' 명목의 뇌물 징수, 개인 재산의 '합법적 몰수'[21] 등 준조세 부담도 결코 가볍지 않다. 시장경제 입장에서 보면 자신이 창출한 경제적 잉여의 상당 부분을 국가 및 계획경제에게 수탈당함으로써 스스로를 확대할 여력을 상실하게 되는 것이다. 내부 축적이 용이하지 않은 구조로 되는 것이다. 따라서 시장경제의 잉여가 사적 자본으로 발달할 수 있는 가능성도 제약받는다는 것을 시사한다.

---

20 이러한 점에서 보면 북한의 (소비재)시장 발달은 중국의 경험과 뚜렷이 구별된다.

21 보호세 명목의 뇌물 공여, 개인 재산의 '합법적 몰수'라는 개념은 최봉대의 「1990년대 말 이후 북한 비공식 경제 활성화의 이행론적 함의」(윤대규 엮음, 『북한 체제전환의 전개과정과 발전조건』, 한울, 2008, pp. 170-183)에서 빌렸다.

6. 요약 및 결론

시장화에 대해 북한 정부는 근본적인 딜레마를 안고 있다. 경제의 숨통을 트기 위해서는 시장화를 촉진할 필요성이 있는 반면, 시장화가 진전되면 정치적 부담이 증가할 우려가 있다. 따라서 북한 정부로서는 시장화를 촉진해야 할 필요성과 억제해야 할 필요성을 동시에 안고 있는 딜레마적 상황에 봉착해 있는 것이다.

결국 북한 정부가 지향하는 것은 '관리 가능한 시장화'이다. 일정 수준까지의 시장화는 용인 내지는 촉진하고, 일정 수준을 넘어서는 시장화는 억제하는 것이다. 이때 시장화의 부작용에 대한 북한 정부의 정치적 판단이 기준이 된다. 문제는 시장화를 북한 정부가 관리 가능한 범위 이내로 묶어 둘 수 있는지 여부이다. 현재로서 이는 결코 쉬운 일이 아닌 것으로 보인다. 2002년 이후 시장화 촉진기의 상황을 보면, 정부가 의도한 부분도 있지만 정부의 의도를 넘어서는 수준으로 시장화가 확대되었음을 엿볼 수 있다.

그런데 시장화에 대한 관리 의지도 고정불변의 것이 아니라 상황에 따라 유동적인 것으로 보인다. 계획경제의 물적·기능적 토대는 이미 와해된 지 오래다. 시장에 대한 국가의 의존도는 매우 높아져 시장 없이는 국가의 유지가 불가능할 정도이다. 시장화의 역사는 이미 20년을 넘어, 이제 장기화되고 있다고 봐야 한다. 2007년부터 2010년 1월까지 시장에 대한 단속을 본격적·대대적으로 폈지만 엄밀히 따져 초지일관되게 지속되었던 것은 아니었다. 흐름으로 보아서는 시장화 억제 정책이 전개되었지만 세밀하게 보면 단속의 실시와 중단이 반복되었다.

시장화를 관리할 수 있는 수단에 눈을 돌려 보면 북한 정부의 고민이 보다 명확하게 읽혀진다. 물리적인 단속과 통제 외에는 별다른 수단이 없다는 점이다. 더욱이 이러한 물리적인 단속과 통제는 일시적·부분적으로는 효과가 있을지도 몰라도 근원적인 해결책이 되지는 못한다. 더욱이 시장화 촉진기와 시장화 억제기의 정책 패키지를 비교해 보면 시장화 억제기의 정책 패키지가 매우 빈약함을 알 수 있다. 계획경제의 공급능력 확충이 뒷받침되지 않는 한 시장화를 관리할 수 있는 실효성 있는 정책수단을 발견할 수 없다는 것이 북한 정부의 크나큰 고민거리이다.

물론 정부가 마음먹기에 따라서는 시장화의 확산에 제동을 거는 것이 불가능하지는 않다. 2007년부터의 시장 단속이 이를 보여 주고 있다. 그렇다고 해도 시장을 축소하거나 완전히 근절하는 것은 대단히 어렵다. 이 또한 2007년부터의 시장 단속, 특히 2009년 초와 2010년 초에 종합시장 폐쇄 방침을 내렸으나 주민들의 반발로 시행이 연기되거나 보름 만에 유야무야된 사실이 잘 보여 주고 있다. 정부가 시장화를 관리하는 것이 불가능하지는 않지만 아직은 관리 의지도 확고하지 않고, 더욱이 관리능력은 제한적[22]이라고 할 수 있다.[23]

---

22 그렇다고 해서 북한에서 시장화가 무한대로 뻗어 나가리라고 기대하기는 어렵다. 앞에서 보았듯이 북한의 시장화는 여타 사회주의 국가들의 경험과는 달리 자원동원의 한계성이 있고, 생산력 증대를 수반하지 않으며, 잉여가 국가에 의해 과도하게 수탈되고 있다는 등의 이유로 인해 자기운동성과 자기확대에 다소 한계를 가지고 있다.

23 시장화에 대한 북한 정부의 딜레마는 영원한 숙제이다. 시장화를 적극 촉진하기도 어렵고 마냥 억제하기도 어렵다. 그래서 지금까지 시장화에 대한 북한 정부의 정책에는 일관성이 결여되어 있다. 앞으로도 대내외 여건의 급격한 변화가 없는 한 북한 정부는 당분간 시장화에 대해 어정쩡한 태도를 취하거나 단속·통제와 묵인을 반복하면서 갈팡질팡할 가능성이 크다.

제5장

결론

북한에서의 시장과 정부 관계는 현재 북한의 경제와 정치·사회를 관통하는 가장 중요한 연구 주제 중 하나이다. 1990년대 중반 이후 배급제에 기반한 식량 유통과 국영 상점을 통한 소비재 구입 체계가 거의 무너진 후, 북한 주민들은 시장을 통해 대부분의 소비재를 구입하게 되었다. 시장이 성장함에 따라 시장활동에 참여하는 주민의 경우 수입의 대부분을 시장에서 벌게 되었다. 그러나 공식소득만으로 생활해야 하는 이들의 생계유지는 난관에 봉착하였다. 특히 전통적으로 권력이 있는 자들은 직접적으로 시장활동을 하기에는 제약이 많았다. 그 결과, 권력이 있는 자들과 시장활동을 통해 돈을 버는 이들이 서로 엇갈리는 경향마저 생겼다. 그러나 권력이 있는 자들은 시장활동에 종사하는 이들로부터 다양한 형태의 이익을 편취할 수 있는 힘을 가지고 있었다. 시장참여자들로부터 직접적으로 뇌물이나 준조세를 받는다든지, 가족이나 친척으로 하여금 시장활동에 종사하게 하고 자신이 그 뒤를 봐주는 형태의 간접적인 시장참여도 가능하였다.

시장은 전통적인 북한 사회주의 경제에서는 존재하지 않았던 새로운 힘, 새로운 권력의 등장을 의미한다. 인간의 교환 동기에서 유발되는 시장은 그대로 두면 자연스럽게 확대·발전하는 속성을 갖게 된다. 특히 시장을 통하여 생필품을 구입하고 시장활동에 의존하여 생계를 유지하는 자들에게 시장은 수입의 원천이자 삶의 터전으로 자리잡는다. 또한 시장이 생기고 그 규모가 커지면서 시장판매를 의도한 생산활동이 이루어질 수도 있다. 이러한 현상은 계획을 통해 기업의 생산활동을 엄격히 통제하는 기존 계획경제체제의 근간을 무너뜨릴 수도 있다. 이와 같이 시장화는 기존의 사회주의 질서 체계에 충격을 가하는 동시에 이를 동요시킬 수 있는 힘을 가지고 있다. 따라서 전통적인 권력으로서의 북한 정부는 이를 두려워하면서도 그 필요성과 효용 때문에 시장을 철폐하지 못하는 딜레마에 빠지게 되었다.

사회주의에서 정부는 전통적으로 가장 강력한 힘을 가진 주체이다. 코르나이(János Kornai)는 '체제 내 개혁과 체제이행의 차이' 혹은 (그의 용어에 따르면) '개혁과 혁명의 차이'의 핵심이 정부의 변화에 있다고 보고, 정부가 경제에 대한 통제를 포기하면 '체제이행'으로, 그렇지 않으면 '사회주의 내에서의 개혁'으로 구분하였다. 북한 정부의 통제력은 다른 구(舊)사회주의와 동등하거나 그보다 강하다고 평가할 수 있다. 북한 정부는 정치적 힘뿐만 아니라 국가안전보위부, 인민보안부 등으로 대표되는 통제기관들과 상호 감시체계인 인민반을 동원함으로써 기업이나 주민들의 사상통제, 시장활동 억압 등을 다른 구(舊)사회주의 국가에 비해 효과적으로 수행할 수 있을 것으로 판단된다. 이러한 막강한 힘을 가진 북한 정부와 주민들의 생존이라는 절박한 상황에서 시작된 시장화의 대립은 북한 경제와 사회의 변화를 전망하는 데 가장 중요한 주제임이 분명하다.

이 연구는 탈북자 설문조사 자료에 기초하여 북한에서의 시장과 정부 관계를 분석하고 있다. 특히 북한의 최근 시장화 현상을 이해하기 위하여 2009년 하나원에서 교육 중인 탈북자들, 특히 2007년 이후에 탈북한 이들을 대상으로 정량적·정성적 설문조사를 실시하였다. 200여 명이 넘는 탈북자를 대상으로 약 120여 개에 달하는 문항을 설문하는 정량적 설문조사를 시행하고 30명의 탈북자와 심층 인터뷰를 진행하였다. 그리고 이 설문조사 자료와 함께 2009년에 206명을 대상으로 한 설문조사 결과를 사용하고 이들을 2004~2005년에 행해진 별도의 두 설문조사 결과와 비교함으로써 시장화의 동학과 아울러 정부와 시장 관계의 변화를 추적하고 있다.

기존의 연구와 같이 이 연구 결과도 북한 비공식 경제의 규모는 사회주의 역사상 유례를 찾아보기 힘들 만큼 매우 크다는 사실을 발견하였다. 보다 구체적으로 응답자 중 공식적인 직업활동에 종사하는 자들의 비중은 52.7%에 불과한 반면 응답자의 76.0%가 공식적·비공식적 시장활동에 참여했다고 답하였다. 그리고 시장활동 등에서 벌어들인 소득은 전체 소득의 60~80%에 달했으며, 식료품 지출에서 배급, 국영 상점 지출을 제외한 시장에서의 지출이 전체 지출에서 차지하는 비중도 60~84%에 달하였다. 가계의 전체 소득과 지출에서 시장 부문이 차지하는 비중은 2002년을 기점으로 증가하는 추이를 보였으며 그 차이는 유의하였다. 이는 적어도 2002년의 7·1 조치 등 시장활동을 부분적으로 묵인 또는 장려하는 정책이 시장화 진전에 긍정적인 영향을 미쳤음을 의미한다. 그리고 시장은 이를 억압하는 제도나 정책이 없을 경우 확대되는 속성을 지녔음을 시사하기도 한다.

2005년 이전과 이후를 나누어서 시장 부문의 소득이나 지출이 가계의 전체 소득과 지출에서 차지하는 비중을 평가했을 때 그 차이는 유의하지 않았다. 또한 시장화에 초점을 두어 2005년과 2009년에 설문조사한 내용을 토대로 살펴보더라도 시장촉진정책을 사용한 2002~2005년과 시장억제정책을 사용한 2007~2009년 사이에 시장화의 정도가 변한 증거는 찾기 어려웠다. 보다 자세히 시장가격의 적용 정도, 공장·기업소·서비스업체 등을 개인에게 임대하거나 위탁 관리하는 형태의 소규모 사유화, 기업의 고용 인원 중에서 시장경제활동 종사자 비중 등을 비교해 봤을 때 소규모 사유화(개인위탁운영)에 있어 일부 유의미한 증가가 보였으나 전체적으로는 큰 차이를 보이지 않았다.

2002년 이후에 시장화의 정도에서 큰 변화가 없었다는 발견은 두 가지 다른 각도에서 해석될 수 있다. 한 측면에서 보면 2005년 이후 시장화가 진전되지 않았다는 사실은 2005년 이후 북한 당국의 시장억압정책이 부분적으로는 성공을 거두고 있음을 암시한다. 그러나 다른 시각에서 해석한다면 2007년부터 북한 당국이 시장에 대한 본격적인 단속을 시행하였음에도 불구하고 시장화의 정도가 후퇴하지 않았다는 사실은 시장의 힘이 그만큼 강함을 의미한다. 즉 북한 당국과 시장의 대립은 어느 한편의 완승으로 끝나기에는 양쪽의 힘이 상당히 견고할 뿐만 아니라 양자가 여러 측면에서 복잡하게 얽혀 있음을 암시하기도 한다. 그리고 2009년 11월 말에 시행된 북한의 화폐개혁조차 시장참여자의 직접·간접적인 반발로 인하여 본래의 정책 목표에 비해 상당히 후퇴했다는 사실은 북한 정부가 시장의 힘을 과소평가했다는 평가를 내릴 수 있게 한다.

시장은 많은 주민들에게 생존과 생계의 원천이자 다수의 관료들에게는 뇌물 수취의 대상이며, 기업과 정부 기관들에게는 준조세 수입의 근거지로 자리를 잡았다. '먹을 것을 주지도 않으면서 장사는 왜 못하게 하는가, 이것은 백성들을 말려 죽이자는 심보가 아니면 무엇인가', '배급도 없고 월급도 없고 이것이 어디 우리를 살라고 하는 것인가. 이것이 나쁜 놈들만 살판 치는 세상이 아니고 무엇이냐'라는 북한 주민들의 반발은 시장을 무작정 억압하기도 어려운 북한 당국의 딜레마를 상징적으로 보여 준다. 또한 시장활동을 단속한다고 하더라도 대처 요령에 대한 시장참여자들의 학습효과와 시장 단속을 담당하는 안전원과 국가안전보위부의 뇌물수수는 정치권력자의 의지를 부분적으로 무력화하기에 충분하다. 탈북자 설문조사에 따르면 북한 가계의 평균 지출 가운데 9~10%가 뇌물로 사용된다. 북한 GDP에서 차지하는 비중으로 평가할 때 이는 북한 GDP의 6~7%에 해당하며, 이 수준은 부패가 심한 것으로 알려진 소련 경제의 붕괴 직전인 1980년대 말에 비해서도 3~4배 더 높은 수준이다. 이러한 높은 수준의 뇌물수수는 최고권력자와 시장을 단속하는 관료 사이에 서로의 이해관계가 상충될 가능성을 암시하고 있다. 이러한 가능성은 "시장 단속 그루빠들은 단속을 통하여 리비아에 한 번 다녀온 것보다 많은 돈을 벌지만 뇌물을 받으면 그 다음 단속은 유야무야 되는 경향이 있다"는 탈북자들의 증언에서도 확인된다.

기업과 기관의 수입 중 상당 부분이 직접·간접적인 시장활동에 의존해 있다는 사실은 북한 정부가 시장을 철폐한다면 공식 계획경제에도 상당히 큰 충격을 미치게 될 것임을 시사한다. 설문조사 결과를 토대로 계산해 볼 때, 직장에서 사용한 자재와 물품 가운데 국가계획에 따라 조달되는 비중은 최대 47% 정도이며, 나머지는 상당 부분 시장에 의존하는 것으로 나타났다. 기업의 생산물을 국가계획에 따라 처분하는 비중은 최대 60%로서, 자재와 물품의 조달 비중보다는 높지만 여전히 시장에 의한 공식 계획경제의 침식이 상당한 수준임을 보여 주고 있다. 특히 보수적으로 추정하더라도 기업 근로자 총수의 20%가 8·3 노동자로서 이들이 기업에 바치는 8·3 자금은 정규 임금의 9.2배에 달하기 때문에 8·3 자금으로 다른 근로자들의 정규 임금을 충분히 지급할 수 있다는 추산이 가능하다. 또한 2002년 이후 공식 부문에서 노동시간이 감소하는 현상은 시장경제활동으로 공식 계획 부문이 위축되고 있음을 암시한다.

시장과 정부의 복잡한 얽힘은 권력과 금력의 결탁에서도 드러난다. 중앙당, 인민무력부, 인민보안부, 국가안전보위부, 검찰소 등 이른바 핵심 권력기관의 관료들은 돈주와 결탁하여 그들의 뒤를 봐줌으로써 정기적으로 뇌물을 받거나 이윤을 공동 배분하는 현상이 빈번해졌다. 더 나아가 자신의 배우자, 부모, 형제 등 가족과 친척을 내세워 시장활동에 간접적으로 관여하기도 했다. 이러한 행동의 이유는 시장에 대한 자의적 통제의 정도와 범위가 크기 때문이기도 하며, 국가로부터 생계에 필요한 충분한 임금이나 기관운영자금을 조달받지 못한다는 사실이 개인 비리의 빌미로 사용될 수 있기 때문이다.

정부가 시장에 의존하는 것도 사실이지만 시장을 의도한 생산활동도 공식계획경제에 크게 의존해 있다. 시장활동에 사용되는 원자재나 부품과 설비 등은 계획경제로부터 유출되거나 절취된 것이 많기 때문이다. 이런 측면에서 북한의 시장화는 독자적인 성장 동력을 갖고 있다고 평가하기 어렵다. 이는 시장의 제도화가 이루어지지 않고 투자의 자유와 사적 소유권이 허락되지 않은 북한에서는 당연한 결과라고 볼 수 있다. 개인 수공업과 텃밭 경작 등에서의 산출물이 시장에서 거래되기도 하지만 북한 시장화는 여전히 생산 중심이 아니라 유통 중심이다. 즉 중국 등에서 수입 또는 밀수한 제품을 시장에 판매하는 형태의 시장활동이 북한 시장의 주축을 이루고 있다.

북한 정부가 시장을 경계하고 가능한 한 없애려고 하는 것은 시장이 공식계획경제에 미치는 부정적인 영향 때문만은 아니다. 시장활동은 주민들 사이에 부익부 빈익빈 구조를 만들어 내기 때문이다. 시장활동에 참여하는 일반 주민들은 뇌물이나 세외부담의 증가로 인하여 생계의 어려움을 겪게 되었다. 또한 단속이 본격화되면서 시장활동의 비용이 증가된 결과, 일부 주민들이 시장에서 퇴출되어 사회의 최하층으로 전락하였다. 그러나 상층부 상인들은 권력과의 결탁을 통해 단속을 피해 가면서 경쟁자들이 퇴출되는 상황을 이용하여, 시장에서의 독과점적 지위를 더욱 공고히 할 수 있었다. 이와 같이 시장화가 사회불평등을 야기하면서 범죄가 증가하는 등 북한 사회의 불안정성은 더욱 심화되고 있다.

북한의 시장화는 북한 사회주의 경제의 근본 틀을 바꾸었다. 그리고 막강한 국가의 힘도 시장을 철폐하기에는 역부족이었다. 시장은 북한 주민들에게는 생존과 생계의 원천이며 관료들에게는 공식 수입을 크게 능가하는 중요한 수입의 장이기 때문이다. 더 나아가 공식계획 그 자체가 시장활동에 상당한 정도 의존해 있기 때문에 시장의 철폐는 바로 공식 기관이나 기업소의 운영난, 관료 조직의 붕괴로 이어질 수 있기 때문이다.

그 규모에도 불구하고 북한의 시장은 질적으로는 자체 동학이 부족한 불완전한 시장화이다. 즉 북한의 시장화는 정치와 제도에 의해 억압된 시장화(repressed marketization), 반(反)시장적 이념과 자의적 통제에 의해 제한된 시장화(constrained marketization)라는 특징을 가지고 있다. 그리고 자원 동원 능력에도 한계가 있다, 그 결과 북한의 시장이 국내 생산량 증가에 미치는 효과는 매우 제한적이다. 그러나 북한의 시장은 전통적 권력인 국가에 맞설 수 있는 신흥권력으로 자리잡고 있다. 특히 국가권력의 일정 부분의 이해관계가 시장의 그것과 일치됨으로써 이전에 막강했던 국가의 힘은 전과 같지 않은 상태이다. 2009년 11월에 시행된 화폐개혁은 시장에 포섭된 권력의 일정 부분을 절단하려는 외과적 시도였으나, 그 권력과 주민들의 저항으로 적어도 부분적으로는 실패한 시도로 평가할 수 있다.

시장화와 관련하여 북한 최고결정자의 가능한 선택으로 다음의 세 가지를 살펴볼 수 있다.

첫째는 정치, 관료, 군의 힘까지 동원하여 시장의 철폐를 시도하는 것이다. 그러나 이러한 시도는 최고결정자에게 큰 부담으로 작용할 것이다. 이 과정에서 상당수의 사망자가 발생할 수 있으며 정권이 흔들릴 수도 있다.

둘째는 관리 가능한 시장화를 지향하는 것이다. 즉 정부와 시장의 균형 상태를 유도하여 시장의 규모와 형태, 기능에 대해 정부가 관리할 수 있도록 만드는 것이다. 2005년 이후 북한 정부의 정책이 바로 관리 가능한 시장화를 지향한 것이라고 볼 수 있다. 그러나 우리의 연구 결과에서도 보듯이 이 시도조차 성공할 가능성이 그리 높지 않다. 정부의 통제력보다는 시장의 포섭력이 더 크기 때문이다. 결국 계획경제의 공급능력이 확충되고 정부가 기관과 기업에게 충분한 임금 및 운영 자금을 지원할 수 없는 한 시장화를 관리할 수 있는, 실효성 있는 경제정책 수단은 없다고 해도 과언이 아니다. 아마 있다고 하면 화폐개혁이 최고의 함량을 가진 경제정책이었지만 그마저 이미 사용하였고, 그 결과도 실패로 끝난 상태에서 관리 가능한 시장화가 가능할지는 상당히 의문스럽다.

마지막 가능성은 시장화를 억압하지도, 제약하지도 않고 내버려 두는 것이다. 그리고 더 나아가서는 시장을 제도화시키는 것이다. 소극적인 제도화는 시장을 인정하고 거래 품목이나 참여자의 제한을 없애는 것이며, 적극적 제도화는 법과 제도를 통해 거래의 자유와 사적 소유권을 인정하며 경쟁을 촉진하는 정책을 펴는 것이다. 적극적 제도화는 시장경제로의 체제이행을 의미한다. 그러나 적극적 제도화의 가능성은 현재로서는 매우 제한적이다.

김정일 사후 권력을 승계받은 김정은 정권의 핵심 경제정책은 시장화를 둘러싼 정책일 것이다. 시장의 철폐, 억압, 관리, 방임, 인정, 제도화라는 대(對)시장정책의 스펙트럼 중 어느 대안을 택할지에 따라 북한 경제, 더 나아가 사회와 정치도 크게 영향을 받을 것이다. 그리고 북한 정권의 운명도 이에 따라 달라질 수 있다. 그동안의 경험이 정책에 주는 교훈은 시장을 철폐하고 억압하는 정책의 효과는 매우 제한적이었으며 북한 경제에도 도움을 주지 못했다는 것이다. 현명한 정책 결정자는 과거의 경험을 통해 배우는 것이다. 김정은 정권이 시장에 대해 취하는 정책은 그 정책의 성격을 이해하고 북한 정권의 미래를 가늠하는 바로미터가 될 것이다.

참고문헌

김병연(2009). 「북한경제의 시장화: 비공식화 가설의 평가를 중심으로」. 윤영관·양운철 편, 『7·1경제관리개선조치 이후 북한 경제와 사회』. 한울.

김연철(2002). 「북한 경제관리 개혁의 성격과 전망」. 김연철·박순성 편, 『북한경제개혁연구』. 후마니타스.

_____(2003). 「북한 경제개혁의 성격과 전망」. 『북한경제포럼』 9: 11-22.

김영윤(2006). 『북한 경제개혁의 실태와 전망에 관한 연구』. 통일연구원.

나카가네 카츠지(中兼和津次), 이일영·양문수 역(2001). 『중국경제발전론』. 나남출판.

남성욱·공성영(2003). 「2002년 북한의 임금과 물가인상에 따른 주민 생산·소비 행태의 변화에 대한 연구」. 고려대학교 북한학연구소 주최 학술세미나 '7·1경제관리개선조치의 평가와 향후 전망'.

박석삼(2002). 「북한의 사경제부문 연구: 사경제 규모, 유통현금 및 민간보유 외화 규모 추정」. 『한은조사연구』 2002-3.

박순성(2002). 「북한의 가격·배급제도의 변화와 전망」. 중앙대학교 민족통일연구소·매일경제신문사 주최 학술세미나 '북한의 개혁과 개방 100일, 현황과 전망'.

박형중(2004). 「비교사회주의 관점에서 본 실리사회주의론의 위치와 전망」. 통일연구원 주최 학술세미나 '김정일 정권 10년: 변화와 전망'.

_____(2008). 「2006년 이래 북한의 보수적 대내정책과 장성택」. Online Series. 통일연구원.

양문수(2004). 「기업을 통해 본 북한의 변화: 최근의 경제정책에 대한 평가를 중심으로」. 『국제지역연구』(한국외국어대학교 국제지역연구센터) 8(1): 305-332.

_____(2005a). 「북한의 종합시장: 실태, 파급효과, 성격과 의미」. 『KDI 북한경제리뷰』 7(2): 3-27.

_____(2005b). 「북한에서의 시장의 형성과 발전: 생산물시장을 중심으로」. 『비교경제연구』 12(2): 1-53.

______(2006).「북한의 시장화 수준에 관한 연구」.『현대북한연구』9(3): 7-43.
______(2009).「북한 시장의 형성·발전과 행위자 분석」. 이 석 외,『북한 계획경제의 변화와 시장화』. 통일연구원.
______(2010).『북한경제의 시장화: 양태, 성격, 메커니즘, 함의』. 한울.
연하청(2002).「최근 북한의 경제개혁 현황과 전망」.『경제경영연구』(명지대학교) 21(2): 3-21.
이 석(2005).『북한의 경제개혁과 이행』. 통일연구원.
______(2009).『북한의 시장: 규모 추정과 구조분석』. KDI.
이승훈·홍두승(2007).『북한의 사회경제적 변화: 비공식부문의 대두와 계층구조 변화』. 서울대학교출판부.
이영훈(2005).「북한 경제개혁의 전개와 구조」. 한국은행.
______(2007).「탈북자를 통한 북한경제 변화상황 조사」. 한국은행.
이태욱(2003).「북한은 변하고 있는가」.『서강경제논집』32(1): 137-161.
임강택(2009).『북한경제의 시장화 실태에 관한 연구』. 통일연구원.
임수호(2008).『북한의 경제개혁과 체제변화 전망』. 삼성경제연구소.
조동호(2002).「계획경제시스템의 정상화: 최근 북한 경제조치의 분석 및 평가」.『KDI 북한경제리뷰』4(8): 3-17.
조명철 외(2005).『북한경제의 대중국 의존도 심화와 한국의 대응방안』. 대외경제정책연구원.
좋은벗들.『오늘의 북한소식』각호.
최봉대(2008).「1990년대 말 이후 북한 비공식경제 활성화의 이행론적 함의」. 윤대규 편,『북한 체제전환의 전개과정과 발전조건』. 한울.
최용선(2004).「1990년대 북한의 화폐화와 화폐제도 변화」. 경남대학교 석사학위논문.
통일부·통일연구원(2005).『북한경제 개혁동향』.
한기범(2009).「북한 정책결정과정의 조직행태와 관료정치: 경제개혁 확대 및 후퇴를 중심으로(2000~2009)」. 경남대학교 박사학위논문.
홍익표·동용승·이정철(2004).『최근 북한의 가격·유통 체계 변화 및 향후 개혁 과제: 중국과의 비교연구』. 대외경제정책연구원.

KOTRA(2005). 『2004년도 북한의 대외무역동향』.

『조선신보』, 각호.

加藤弘之(1997). 『中國の經濟發展と市場化: 改革·開放時代の檢證』. 名古屋: 名古屋大學出版會.

山口重克 編(1997). 『市場經濟 : 歷史, 思想, 現在(增補版)』. 名古屋: 名古屋大學出版會.

北京師範大學經濟與資源管理研究所(2003). 『2003 中國市場經濟發展報告』. 北京: 中國對外經濟貿易出版社.

Chang, Yoonok, Stephan Haggard, and Marcus Noland (2009). "Exit Polls: Refugee Assessments of North Korea's Transition." *Journal of Comparative Economics*, 37(1): 144-150.

European Bank for Reconstruction and Development (EBRD). Transition Report, various issues.

Grossman, Gregory (1977). "The 'Second Economy' of the USSR." *Problems of Communism*, 26(5): 25-40.

Grossman, Gregory (1998). "Subverted Sovereignty: Historic Role of the Soviet Underground." In Stephen S. Cohen, Andrew Schwartz, and John Zysman (eds.), *The Tunnel at the End of the Light: Privatization, Business Networks, and Economic Transformation in Russia*. Berkeley, CA: University of California.

Harrison, Mark, and Byung-Yeon Kim (2006). "Corruption and Growth in a Partially Centralized Economy." *Journal of Economic History*, 66(1): 1-41.

Kim, Byung-Yeon (2003). "Informal Economy Activities of Soviet Households: Size and Dynamics." *Journal of Comparative Economics*, 31(3): 532-551.

Kim, Byung-Yeon, and Dongho Song (2008). "The Participation of North Korean Households in the Informal Economy: Size, Determinants and Effect." *Seoul Journal of Economics*, 21(2): 361-385.

ILO (2002). *Women and Men in the Informal Economy: A Statistical Picture.* ILO.

OECD (2002). *Measuring the Non−Observed Economy: A Handbook.* OECD.

O'Hearn, Dennis (1980). "The Consumer Second Economy: Size and Effects." *Soviet Studies*, 32(2): 218-234.

Shleifer, Andrei, and Robert W. Vishny (1993). "Corruption." *The Quarterly Journal of Economics*, 108(3): 599-617.

Treml, Vladimir G., and Michael Alexeev (1994). "The Growth of the Second Economy in the Soviet Union and its Impact on the System." In Robert W. Campbell (ed.), *The Postcommunist Economic Transformation: Essays in Honor of Gregory Grossman*. Westview Press, Boulder, CO.

찾아보기

▌Abstract▐

Markets and the State in North Korea

Byung-Yeon Kim, Moon-Soo Yang

This book uses data from surveys of North Korean refugees who have settled in South Korea to analyze the relationships between informal markets and the state in the North Korean economy. More specifically, several quantitative surveys of a relatively large number of North Korean refugees that were conducted from 2004 to 2009, and in-depth interviews of such refugees are used to address the following questions: How large is the informal economy in North Korea?; Does it show an increasing trend?; What relationships are found between the informal economy and the official economy?; Was the state able to repress informal economic activities as it intended?; What implications can be drawn from this large informal economy for the future of the North Korean regime?

We find that North Korea's informal economy is very large. The share of income from informal economic activities in total income exceeds 70%, which is much larger than the share of such income found in other former socialist economies. Although the informal economy shows a somewhat increasing trend from 1996 to 2007, there is some evidence that the state was able to prevent it from growing further by imposing restrictions on market activities, and through repression and coercion. However, the power of the state was substantially limited not only because informal economic activities were based on the state's failure to feed the population but also because these were inextricably intertwined with the official economy. Prevalent informal economic activities caused important changes in the society such as widening income inequality and increases in bribery. Hence, the North Korean informal economy poses a huge challenge to the authorities trying to control the socialist society. The future of North Korea depends heavily on how the relationships between markets and the state evolve.

| 저자 약력 |

김병연(Byung-Yeon Kim)

서울대학교 학사, 석사(경제학)
영국 옥스퍼드대학교 박사(경제학)
영국 에섹스대학교 교수
T. S. Ashton Prize 수상(영국경제사학회)
청람상 수상(한국경제학회)
인문사회분야 우수학자(한국연구재단)
(현) 서울대학교 경제학부 교수

· 주요 저서와 논문

"Both Institutions and Policies Matter but Differently for Different Income Groups of Countries: Determinants of Long-run Growth Revisited" (with Keun Lee), *World Development*, Vol. 37, No. 3(2009)
"Assessing the Economic Performance of North Korea, 1954-1989: Estimates and Growth Accounting Analysis" (with S. J. Kim and Keun Lee), *Journal of Comparative Economics*, Vol. 35, No. 3(2007)
"The Political Economy of Reforms: Empirical Evidence from Post-communist Transition in the 1990s" (with Jukka Pirtilla), *Journal of Comparative Economics*, Vol. 34, No. 3(2006)
『한국기업과 사회의 경쟁력』(2011, 공저)
「북한의 체제이행과 남북경제통합·통일유형」, 『경제논집』 48권 1호(2009)
「사회주의 경제개혁과 체제이행의 정치적 조건: 구소련, 동유럽, 중국의 경험과 북한의 이행가능성」, 『비교경제연구』 12권 2호(2005) 외 다수

양문수(Moon-Soo Yang)

서울대학교 학사(경제학)
일본 도쿄대학 대학원 박사(경제학)
매일경제신문, 문화일보 기자
LG경제연구원 부연구위원
경남대학교 북한대학원 조교수
동북아시대위원회 경제협력전문위원회 위원, 민주평화통일자문회의 자문위원
(현) 북한대학원대학교 교수
(현) 통일부 정책자문위원, KBS 통일방송연구 자문위원

· 주요 저서

『北朝鮮經濟論: 經濟低迷のメカニズム』(2000)
『북한경제의 구조: 경제개발과 침체의 메커니즘』(2001, 대한민국학술원 선정 2002년도 우수학술도서: 사회과학분야)
『북한경제의 시장화: 양태, 성격, 메커니즘, 함의』(2010, 대한민국학술원 선정 2011년도 우수학술도서: 사회과학분야) 외 다수

서울대학교통일학연구총서

01 **북한체제의 형성과 한반도 국제정치**
김세균 외 7인

02 **북한 산업개발 및 남북협력방안** – 지리적 접근
박삼옥·허우긍·박기호·박수진

03 **탈북 가족의 적응과 심리적 통합**
이순형·조수철·김창대·진미정

04 **남북한 환경정책 비교연구 1** – 자연환경, 자원 및 에너지
윤여창 외 6인

05 **남북한 환경정책 비교연구 2** – 물환경, 대기, 폐기물, 도시계획
김정욱 외 4인

06 **남북통합지수, 1989–2007**
김병연·박명규·김병로·정은미

07 **통일한국의 어린이 영양**
이연숙·윤지현·심재은·장수정

08 **북미 대립** – 탈냉전 속의 냉전 대립
장달중·이정철·임수호

09 **네트워크 세계정치** – 은유에서 분석으로
하영선·김상배 엮음

10 **김일성사회주의청년동맹과 조선민주녀성동맹** – 사회변동과 체제유지의 기제
이온죽·이인정

11 **다플랫폼 다채널 시대의 통일방송**
윤석민·배진아·곽정래·이현우·채정화

12 **기초자료로 본 독일 통일 20년**
임홍배·송태수·정병기

13 **탈북인의 공·사적 관계와 의사소통**
이순형·김창대·진미정

14 **북한의 『조선어학전서』 연구**
권재일

15 **판례로 보는 남북한관계**
이효원

16 **북한 경제에서의 시장과 정부**
김병연·양문수

17 통일농업 성장보고서(1991-2009) - 남북농업 교류협력 평가와 발전방향

최정남 · 김완배 · 리금 · 최장호

18 남북한 교류협력 거버넌스의 구조와 동학

정근식 · 정은미 · 강동완